Ein Mann bezwingt die Not

Friedrich Wilhelm Raiffeisen

Taschenbuchausgabe nach der 5. Auflage 1970
Durchgesehene Auflage 2013
Deutscher Genossenschafts-Verlag eG,
Leiziger Straße 35, 65191 Wiesbaden 2013
Herstellung: Görres Druckerei und Verlag GmbH, Neuwied

Bestell-Nr 960 071
ISBN 978-3-87151-157-8

Ein Mann bezwingt die Not

Friedrich Wilhelm Raiffeisen

Lebensroman von Franz Braumann

Inhalt

Die Ohrfeige

Am Abhang eines Wiesenhügels im Westerwald sitzt zwischen weidenden Kühen ein Junge am Hirtenfeuer und stochert in der Asche nach gebratenen Kartoffeln. Drunten liegt das Dorf: Fachwerkhäuser mit schwarzen Dächern, ein kräftiger Kirchturm. Noch tiefer der Fluss, der sich in Windungen zwischen grünen Hügeln verliert – ein Bild ländlichen Friedens, eine Idylle.

Ein kleines Mädchen läuft über die Wiese aufwärts, schwenkt schon von Weitem den Arm, ruft: „Komm heim, Willem, schnell!", hockt schnaufend neben dem Bruder im Gras.

„Nachbar Hansen braucht dich", sagt sie. „Du musst ihm die Zinsen ausrechnen, die er dem Händler König schuldet. Er wartet zu Hause auf dich."

Der Junge beißt noch einmal in die dampfende Kartoffel, rollt das heiße Stück im Mund herum. „Iss du weiter", sagt er schließlich, „leg neue Kartoffeln nach. Ich bin schnell wieder da." In großen Sprüngen läuft er dorfwärts.

Das Leben in diesen kleinen freundlichen Häusern ist nicht so idyllisch, wie es sich von oben ansieht. Die Bewohner haben eine unbarmherzige Faust im Nacken: den Händler, den Wucherer, der Schulden mit Zinsen eintreibt. Manche können kaum lesen und schreiben. Prozentrechnung ist ihnen ein Buch mit sieben Siegeln. Das kann dem Händler nur recht sein.

Aber dieser Junge hat einen klaren Verstand. Er kann rechnen wie jener und noch etwas schneller – und exakter. Er hätte auf die höhere Schule gehen sollen, aber dazu hat das Geld zu Hause nicht gelangt. Da sind acht Geschwister, und der Vater fällt aus wegen Krankheit. Man muss sich rühren, in der Landwirtschaft mithelfen, auch wenn der Vater einmal Bürgermeister dieses Dorfes war. Und rechnen! Die Nachbarn haben sich daran gewöhnt, den Bürgermeistersjungen zu Hilfe zu rufen, wenn es wieder einmal brennt.

Der Bauer Hansen kommt ihm schon über die Dorfstraße entgegen. Auf der Höhe der Vortreppe, vor der Haustür, wartet die Mutter. „Kommt herein!" sagt sie hastig.

Es braucht nicht das ganze Dorf zuzuhören. Auch sie hat Schulden bei König. Wer hat die nicht?

Dies ist ein schönes Land, aber ein karges Land; raues Klima, schlechter Boden auf den Höhen. Außer Kartoffeln, Hafer und Gerste gedeiht nicht viel. Die Leute in den fruchtbaren Tälern, im Rheintal, im Wiedtal, nennen es das „Land der armen Leute". Sie sagen: „Oben im Westerwald brauchen die Kirschen zwei Jahre zum Reifen. Im ersten Jahr werden sie auf der einen Seite rot, im zweiten auf der anderen."

Der Junge kennt es nicht anders. Man kommt nicht viel herum, wenn man in Hamm an der Sieg aufwächst. Nach Altenkirchen ist es schon eine Reise, ganz zu schweigen von Koblenz oder Köln. Der Postwagen kostet Geld, nicht viel und doch zu viel.

Sie sind jetzt in der Stube. Hansen zieht ein zerknittertes Papier aus der Rocktasche, glättet es auf der Tischplatte. Wilhelm wirft einen Blick auf die flüchtig hingeworfenen Zahlenkolonnen.

„Diese Zinsrechnung hat König mir vor einer Stunde gegeben. Er hat es eilig mit dem Weiterfahren. Ich soll sofort bezahlen. Ich habe ihm gesagt, ich müsste das Geld bei meinem Schwager ausleihen. Nur so bin ich ihm noch mal entwischt. Kannst du nachrechnen, ob das stimmt?"

Der Junge zieht das Blatt zu sich heran und zückt den Stift. Dann zögert er unter dem bangen Blick der Mutter. „Ich schreibe das Ganze noch einmal ab, dann merkt König nicht, dass ein anderer in seiner Rechnung herumgepfuscht hat." Erleichtert holt die Mutter leere Blätter aus der Kommode.

Flink und sauber überträgt der Junge die Zahlen, zieht Striche. Sein Murmeln ist jetzt das einzige Geräusch in der Stube. Die Mutter, der Nachbar blicken schweigend auf ihn.

„Die Rechnung stimmt", sagt er schließlich. „Nur eine Frage: Müsst Ihr die 12 Prozent pro Monat oder pro Vierteljahr bezahlen?"

„Natürlich für das Vierteljahr, so haben wir es abgemacht. Das muss auf dem Schuldschein stehen."
„Auf dieser Rechnung sind die Zinsen pro Monat berechnet", sagt der Junge.

„Ich wusste doch, dass etwas nicht stimmt", sagt Hansen. „Die Summe war zu hoch, das habe ich schon beim Kopfrechnen gemerkt. Was soll ich jetzt tun?"

Habt Ihr eine Abschrift des Schuldscheins?"

„Hab nie eine bekommen."

„Dann muss Herr König Euch den Schuldschein zeigen, und zwar in Gegenwart eines Dritten, der lesen kann." „Der lesen kann!" Hansens Blick verrät die Bitte, ehe er sie ausspricht. „Kommst du mit, Willem? König wartet im Gasthof." Der Junge steht auf. „Natürlich!" sagt er.

Jetzt redet die Mutter, angstvoll, hastig. „König wird es uns büßen lassen. Du kennst ihn. Er mag nicht, wenn man sich in seine Angelegenheiten einmischt." „Ich tue doch nichts Unrechtes", sagt der Junge. „Ich lese Hansens Schuldschein laut vor, das ist alles."

Die Mutter lässt ihn gehen. Wenn dieser Junge etwas für richtig hält, dann tut er es, und zwar sofort. Damit muss man sich abfinden. Alle, die später mit ihm zu tun haben, müssen sich damit abfinden. Das ist nicht immer leicht. Ein hartes Brot, mit einem Idealisten zusammenzuleben, je näher, desto härter!

Sie schaut den beiden durchs Fenster nach: dem von Arbeit verzogenen, gebückten Alten, dem mageren Burschen mit dem eigenwilligen Kopf, ihrem Sohn.

Der Händler hält Hof im Gasthaus, ein mächtiger Mann im Land der armen Leute. Auf der vom Bauch gespannten Weste funkelt die goldene Uhrkette. Der Wirt dienert um ihn herum. Keiner mag ihn, aber das kümmert ihn nicht, solange sie nur zahlen und sich bücken. Und sie bücken sich, wenn nicht vor ihm, dann doch vor dem Geldbeutel in seiner Tasche. „Dein Sohn?" fragt er Hansen mit einem misstrauischen Blick auf den Jungen.

„Nein, der Sohn vom Bürgermeister", sagt Hansen.

„Dann soll er gehen", sagt König. „Wir brauchen keinen Dritten bei unserem Handel."

Der Wirt hat sich hinter die Theke zurückgezogen. Hansen schwellen die Adern auf der Stirn. „Ich möchte meinen Schuldschein sehen", sagt er, „der Junge soll ihn mir vorlesen."

Der Händler steht auf – ein Gebirge von einem Mann hinter dem Wirtshaustisch. „Kein Gerede, Bauer, wenn du die fälligen Zinsen nicht zahlst, verlang ich die ganze Schuld."

Hansen schweigt erschrocken.

Plötzlich redet der Junge mit seiner vom Stimmbruch noch schwankenden Stimme, ganz ruhig, nüchtern, höflich.

„Sie müssen sich verrechnet haben, Herr König. Die Zinsen gelten vierteljährlich, sagt Hansen. Sie haben sie monatlich berechnet."

Der Händler holt aus, schlägt ihn ins Gesicht mit seiner kurzen, fleischigen Hand. Ein weißer Fleck auf der Wange, der sich langsam rötet. „Raus mit dir!" brüllt König.

Der Junge rührt sich nicht, beißt die Zähne zusammen. Er ist bleich bis auf den Fleck auf der Wange, der immer noch röter wird.

Jetzt ist Hansen wütend genug, um auch zu brüllen: „Der Junge bleibt hier! Erst wenn er mir den Schuldschein vorgelesen hat, zahle ich die Zinsen. Sonst soll er vor Gericht gelesen werden."

„Werd mir nicht frech, Bauer!" knurrt der Händler. Aber dann gibt er doch nach, für dieses eine Mal, wühlt in seiner Rocktasche, löst aus einem Bündel Hansens Schuldschein heraus. Murmelnd vertieft er sich in den Text, vergleicht mit der Rechnung auf Hansens Papier. „Eine Verwechslung", sagt er schließlich. „Ich wäre schon selbst drauf gekommen. Deine Zinsen machen ein Drittel der Gesamtsumme."

Rasch steckt er den Schuldschein wieder ein. „Nun aber raus mit dem Rotzjungen!"

Der Junge läuft durch die Dorfstraße, vorüber am Elternhaus und weiter, die Wiese hinauf zu den Kühen. Als er wieder am Feuer hockt, ist seine Wut hart geworden wie erkaltetes Metall. „Dem werd ich's zeigen", sagt er zu der Schwester. „Dieser König und seinesgleichen, die werden noch an mich denken!"

Der Junge heißt Friedrich Wilhelm Raiffeisen.

Der junge Bürgermeister

Und wieder der Westerwald, diesmal im Spätwinter, ein gutes Dutzend Jahre später. Ein Schneesturm brauste über die Hügel, peitschte mit eisigen Nadeln das Gesicht des Wanderers, der eben vom Tal heraufkommend die Höhe erreichte und geblendet stehen blieb. Hier oben wütete der Sturm ungebrochen. Alle Spuren waren verweht. Himmel und Erde verschmolzen wenige Meter vor ihm zu dämmrigem Grauweiß, hinter dem die blassen Schatten der Alleebäume tanzten. Als er weiterging, versank er bis zu den Knien. Jeder Schritt ein Versinken, ein mühsames Hochziehen. Schief in den Wind gelehnt, mit dem Stock sich voran stoßend, mühte er sich weiter, bis hinter Schneeschleiern etwas Dunkles auftauchte: längliche Haufen, vielleicht Mieten – nein: Häuser; niedrige Katen mit eingesunkenen Dächern, Blinzeln von Licht aus winzigen Fensterlöchern, schneeverwehte Wände und Türen.

Der Wanderer wandte sich entschlossen zum nächsten Licht, klopfte mit der Krücke des Stockes. Innen näherten sich schlurfende Schritte. Der Holzriegel wurde zurückgeschoben. Im Türspalt erschien ein stoppelbärtiges Gesicht.

„Bin ich hier richtig in Weyerbusch?" fragte der Wanderer. Der Spalt wurde nicht breiter. Das Gesicht zog sich ein wenig ins dämmrige Innere zurück. „Stimmt schon", sagte der Mann, „gefällt es Euch nicht?"

„Ihr habt es nicht leicht hier oben", sagte der Wanderer, hob zum Dank die Hand und trat auf die verwehte Dorfstraße zurück. Das Schneien hatte nachgelassen, und der Himmel hellte sich allmählich auf. Der Wanderer ließ die Uhr aufspringen. Es war Mittagszeit. In der Frühe war er von Altenkirchen aufgebrochen, hatte wegen der gemeldeten Verwehungen auf den Pferdeschlitten verzichtet, seine Koffer in Altenkirchen gelassen. Denn er war nicht auf Besuch hier, sondern für die Dauer!

Als er nun langsam die Dorfstraße entlang weiterging, die Beine taub vom langen Schneemarsch, blickte er sich suchend um. Die Häuser standen in weiten Abständen. Dazwischen ragten schwarze Fichten. Keine Obstbäume. Weiter weg erhob sich ein Kirchturm. Die Straße war menschenleer. Nur die Rauchfetzen über den Dächern verrieten, dass im Innern der Hütten Leben war, Menschen, die sich um die Feuerstelle drängten, während der Schnee hinter den Fenstern wuchs, der Sturm durch die Ritzen pfiff.

Ein Stück voraus trat ein Mann auf die Straße und ging langsam in gleicher Richtung. Der Wanderer beeilte sich, ihn einzuholen.

„Können Sie mir das Bürgermeisteramt zeigen?"

Der Mann blickte sich um. „Dahin will ich auch", sagte er.

Schweigend gingen sie nebeneinander. Das Dorf zog sich lang an der Straße hin. Ein paar größere Höfe tauchten auf, Kirche und Pfarrhaus an einer Kreuzung, der Pfarrgarten mit verschneiten Büschen und Rabatten. Eine Wendung nach links, dann standen die Männer vor einem steil giebligen, frischgekälkten

Fachwerkbau. „Das Bürgermeisteramt!" sagte der Begleiter, zog einen großen Schlüssel aus der Manteltasche und schloss auf. Mit der einladenden Handbewegung eines Gastgebers forderte er den Wanderer zum Eintreten auf. Sie gingen durch einen schmalen Flur und betraten einen dunkelgetäfelten Raum. In der Mitte stand ein mächtiger Tisch, dessen Platte vom Wurmfraß durchlöchert war. Die ganze Breite der Wand rechts füllte ein alter, schäbiger Schrank. Ein paar steife, hochlehnige Stühle umstanden den Tisch.

Der Mann setzte sich auf einen der Stühle. Dem Wanderer bot er keinen Platz an. Es war dämmrig im Zimmer. Die kleinen Fenster hatte der Schnee fast zugeweht. Der Eisenofen in der Ecke war kalt.

„Was sucht Ihr bei diesem Wetter in Weyerbusch?" eröffnete der Sitzende die Unterhaltung. Sein Ton und der Blick, mit dem er den stehenden Gast maß, waren nicht gerade freundlich. „Ich bin der Ortsvorsteher", fügte er hinzu.

Der Gast griff in die innere Tasche seines Rocks und zog ein Schreiben heraus. Es war zusammengefaltet und versiegelt. Ungeöffnet reichte er es dem Vorsteher. „Dieses Schreiben hat mich nach Weyerbusch gebracht", sagte er knapp. Der Vorsteher betrachtete das Siegel mit dem Stempel des Landratsamtes Altenkirchen. Das kannte er, aber die handgeschriebene Adresse sagte ihm nichts. „Das müsst Ihr mir schon vorlesen", sagte er verlegen.

Der Gast erbrach das Siegel und las vor, was er bereits kannte: Das Schreiben schloss mit dem Satz:

„… und somit wird Herr Kreissekretär Friedrich Wilhelm Raiffeisen mit heutigem Tag zum Bürgermeister der Samtgemeinde Weyerbusch ernannt und zugleich in sein Amt eingesetzt …"

Eine Weile blieb es still im Raum. Der Vorsteher starrte vor sich hin auf den leeren Tisch. Langsam kam ihm die Erinnerung an einen Brief aus Altenkirchen, den ihm der Gemeindebote während der letzten Gemeinderatssitzung zugesteckt hatte. Er lag ungeöffnet zu Hause. Der Vorsteher hielt nicht viel von Papier. Nun stand die Wirklichkeit vor ihm in Gestalt eines neuen Bürgermeisters, den sie ihm einfach vor die Nase setzten, die Herren aus Altenkirchen. Seit November war die Stelle in Weyerbusch vakant, und was ihn betraf, hätte sie ruhig noch länger vakant bleiben dürfen. Er war ganz gut zurechtgekommen mit den Vorstehern der 25 kleineren Gemeinden, die zur Samtgemeinde Weyerbusch gehörten. Man ließ sich gegenseitig in Ruhe. Jeder Vorsteher war Herr und Meister seiner Gemeinde. Je weniger vom grünen Tisch hereingeredet wurde, desto besser. Der Schriftverkehr mit den Behörden blieb allerdings liegen, das war aber auch nicht viel. Und den Gemeindehaushalt hatte man so ziemlich im Kopf. Der Papierkram war nun einmal die Sache des amtlich eingesetzten Bürgermeisters, der die Ortsgemeinden gegenüber dem Landratsamt in Altenkirchen vertrat. Na, wenns denn sein musste!

Raiffeisen hatte schweigend abgewartet. Er stand immer noch. Seine Augen hinter dicken Brillengläsern wanderten prüfend die Wände entlang, verweilten bei Flecken und Rissen, bei den Staublagen auf den Fensterbänken. Endlich stand der Vorsteher auf und hielt ihm, Unverständliches knurrend, die Hand hin.

„Willkommen in Eurem neuen Amt, Herr ..." Den Namen hatte er immer noch nicht begriffen.

„... Raiffeisen", ergänzte der Gast. Nun gab es auch einen Stuhl für ihn. „Ich konnte es Euch ja nicht am Gesicht ansehen", entschuldigte sich der Vorsteher. „Wie alt seid Ihr eigentlich?"

„In ein paar Monaten siebenundzwanzig, Herr Vorsteher."

„Die königliche Regierung in Koblenz backt junge Bürgermeister!"

Das klang ziemlich missvergnügt. Und wieder lastete das Schweigen. Raiffeisen war nicht der Mensch, der Gespräche in Fluss bringt. Wohl oder übel musste der Vorsteher sich weiterplagen.

„Ihr stammt sicher aus dem Rheintal", sagte er, „den Westerwald kennt Ihr wohl nur vom Hörensagen?"

„Ich komme aus Hamm an der Sieg", sagte Raiffeisen. Das Gesicht des Vorstehers erhellte sich ein wenig.

„Dann verstonn mer üs och uf Westerwäldsch?"

„Westerwäldsch versteh ich schon", sagte Raiffeisen, „wenns nur aus einem ehrlichen Sinn kommt."

Der Vorsteher stand auf und trat zum Wandschrank. „Dann kann ich Euch gleich die Amtssachen übergeben", sagte er. In den Fächern lagen zu Bündeln geheftet die Erlasse, die in Leder gebundenen Protokollbücher, alte Amtszeitungen, Ordner mit Schriftverkehr. Eine dicke Staubschicht ruhte auf den Deckeln.

„Wir, meine Gemeinderäte und ich, befassen uns nicht viel mit Papier. Weyerbusch braucht starke Hände und helle Köpfe, auf Papier können wir verzichten."

Der Vorsteher stand bereits in der Tür, eilig, das Thema zu wechseln. „Wollt Ihr Euch die Wohnung anschauen?“ Er stieg vor Raiffeisen die Stiege hinauf, schritt durch den oberen Flur, stieß unverschlossene Türen auf: Küche, Wohnstube, Schlafzimmer, alles leer bis auf den Küchenherd und einen Kachelofen im Wohnzimmer. Der kalte muffige Geruch unbewohnter Räume kam ihnen entgegen.

Raiffeisen zögerte auf der Schwelle.

„Der Vorgänger hat seine Möbel mitgenommen“, erklärte der Vorsteher. „Natürlich könnt Ihr hier nicht wohnen, bis Eure Möbel gekommen sind. Bis dahin könnt Ihr beim Herrn Pastor in Birnbach logieren.“

Raiffeisen hielt sich nicht lange mit der Besichtigung auf. Es zog ihn zurück in die Amtsstube. Betreten folgte der Vorsteher, griff aus dem Regal ein paar Bogen unbeschriebenen Papiers. „Bisher habe ich immer dem Schulmeister Papier gebracht, damit er die Tagesordnung für die nächste Sitzung aufschrieb. Vielleicht wollt Ihr das jetzt selber tun, Herr Bürgermeister.“

„Was weiß ich von Eurer nächsten Tagesordnung?“ sagte Raiffeisen schroff. „Ich werde anwesend sein, wenn Sie den Dorfvorstehern meinen Amtsantritt mitteilen, das ist alles.“

Der Vorsteher hatte das Gefühl, etwas Falsches gesagt zu haben. Der junge Mann vor ihm schien genau zu wissen, was er wollte. „Darf ich Euch jetzt den Schlüssel geben?“ fragte er unsicher.

Raiffeisen steckte den Schlüssel schweigend in die Tasche. Nach einer ungemütlichen Pause fragte er:

„Wird morgen ein Fuhrwerk nach Altenkirchen kommen? Ich habe im Landratsamt zwei Koffer zurückgelassen."

„Wenn der Schneesturm nachlässt, kann ich den Schlitten bestellen."

Raiffeisen nickte schweigend. Er war ans Fenster getreten.

Der Vorsteher fühlte sich entlassen. Mit einem gemurmelten Gruß zog er sich zurück. Als die Tür hinter ihm zuschlug, trat Raiffeisen zum Tisch und ließ sich schwer auf einen der steifen Stühle sinken. Die Kälte des Raumes wuchs ihm in die Glieder. Draußen fauchte der Schneesturm. Er stützte die Ellenbogen auf die Tischplatte und kühlte mit den Fingerspitzen die brennenden Augen. Immer wenn das Leben ihn hart anfasste, schmerzten die Augen. Sie waren sein wunder Punkt. Weyerbusch, dachte er, mein Amt, mein neuer Anfang! Dies war nicht der erste neue Anfang des Friedrich Wilhelm Raiffeisen. Sein 27-jähriges Leben war schon jetzt gezeichnet und bestimmt von Hindernissen, schwer überwindlichen, von außen gesetzten Hindernissen und einer zähen, strengen Art, sich mit ihnen zu messen und neu anzufangen, ohne das vorher Erworbene aufzugeben.

Geformt und gestählt von den Anforderungen zweier Geistesrichtungen: eines strenggläubigen Pietismus mit seinem Anspruch, das Reich Gottes auf Erden zu errichten, und des preußischen Geistes der Selbstdisziplin und der Unterordnung unter das Gemeinwohl, wie es eben zu dieser Zeit von Stein, Clausewitz und Gneisenau neu formuliert wurde, war dieser junge Mann nicht dazu gemacht, den leichten Weg zu wählen.

Die äußeren Verhältnisse seines Anfangs waren desolat. Sein klarer Verstand, sein Streben und die gesellschaftliche Situation seiner Familie innerhalb der Klassenordnung seiner Zeit prädestinierten ihn zu höherer Ausbildung und Studium, aber die Mittel waren nicht vorhanden. Der Vater, Pfarrerssohn, war Bürgermeister in Hamm an der Sieg. Der Landrat in Altenkirchen hatte in seinem Vorschlag Gottfried Friedrich Raiffeisen sehr zu rühmen gewusst. Er vermerkte die „Pünktlichkeit, Kürze und Vollständigkeit seiner Berichte" und schloss mit der Feststellung: „Seine guten Sitten werden von allen Seiten gerühmt." Ein Jahr nach der Geburt seines Sohnes Friedrich Wilhelm musste der Bürgermeister-Vater sein Amt abgeben. Die drei Jahrzehnte bis zu seinem Tod 1849 liegen im Dunkeln. Aber er muss sein Amt sträflich vernachlässigt, seine Mitbürger grob und polterig behandelt haben. Vielleicht in Verbindung mit einer schweren Krankheit war er wohl lange Zeit dem Trunk verfallen, bis er „an der Abzehrung" starb.

Der Sohn dieses Vaters musste aufwachsen ohne väterliche Hilfe und Geleit, aber er wurde stark unter den schwierigsten seelischen Belastungen, vor allem dank der großartigen Persönlichkeit seiner Mutter. Amalie Raiffeisen zog acht Kinder auf. Sie brachte es fertig, ihnen ein gutes und sicheres, ja sogar ein fröhliches Elternhaus zu geben, danach aber mussten sie selbst fertig werden.

Nach Abschluss der Volksschule erteilte der Patenonkel, Pastor Seippel, Privatunterricht, ein aufgeklärter, dem Humanismus zugeneigter Mann.

Da ein Studium immer noch unerschwinglich war, ging der Junge auf Rat seines Onkels, des einflussreichen Hofrats Lantzendörffer, zum Militär, was offenbar die einzige Möglichkeit war, ohne Studium in eine gehobene Klasse aufzusteigen. Er diente als Rekrut in der siebten Artilleriebrigade in Köln, brachte es schnell zum Unteroffizier und erfuhr die Auszeichnung, zu einem höheren Ausbildungslehrgang an der Inspektionsschule in Koblenz berufen zu werden. Die Ausbildung der Oberfeuerwerker und Offizieranwärter war gründlich und vielseitig. Militärkundlicher und staatspolitischer Unterricht brachte den jungen Mann in Berührung mit den Ideen der preußischen Reformer seiner Zeit. Er erwarb praktische Kenntnisse in Feldmesserei, Naturkunde, Befestigungslehre, Kenntnisse, die ihm später bei Drainage, Haus- und Straßenbau zugutekamen.

Aber auch weltliche Freuden, geistige Genüsse und der Zauber der Musik erschlossen sich dem puritanisch erzogenen Jungen vom Lande hier zum ersten Mal. Euterpia, ein arkadischer Freundschaftsbund, nahm ihn in seine Mitte auf. „Miles" war sein Spitzname. Er erlebte Kunst, Diskussionen, freiheitliche Begeisterung unter Gefährten, die ihn trotz unterschiedlicher Ausbildung als ihresgleichen anerkannten. Die Freundschaft hielt, auch als er später nach Köln zurückkehrte. Im Bonner Wingolf blieb er ein gern gesehener Gast.

Und dann war plötzlich wieder die Sperre da, das Hindernis in seinem so mutig begonnenen Weg. Das Augenleiden trat zum ersten Mal auf. Nach einer ärztlichen Untersuchung kam der unwiderrufliche Bescheid, der seiner militärischen Laufbahn ein Ende setzte. Ein neuer Anfang war fällig.

Der Onkel Hofrat ermöglichte ihm den Eintritt in die zivile Verwaltung mit dem Ziel, Zivilsupernumerar zu werden. Wie viel Verzweiflung dem vorausgegangen sein mag, erfährt man nicht. Raiffeisen war nicht der Mensch, der sich aussprach. In den neuen Beruf stürzte er sich mit der ganzen Energie und Zähigkeit seines Wesens, unfähig, eine Sache halb zu machen, obwohl ihm die Bürohockerei keineswegs auf den Leib geschrieben war.

Er arbeitete als Kreissekretär in dem Eifelort Mayen, als ihn die preußische Verwaltung zum Bürgermeister der Samtgemeinde Weyerbusch auf dem nördlichen Westerwald ernannte – Amtsbürgermeister eines Verwaltungsbezirks von 25 Gemeinden.

Und da saß er nun, erschöpft und frierend und sehr allein in dem unwirtlichen Amtszimmer, Haufen unerledigten Papiers im Rücken, aus den Ritzen steigend der Geruch von Not, Dummheit und Resignation. Eine Verantwortung noch unbekannten Ausmaßes kam auf ihn zu. Er würde sich stellen – morgen. Heute war er nichts als müde. Müde wie ein Hund.

Er hob den Kopf aus den Händen, als draußen jemand Schnee von den Schuhen klopfte. Die Haustür kreischte in den Angeln, Schritte im Flur. Er öffnete. Ein Mädchen stand auf der Schwelle, das Gesicht von der Kälte gerötet.

„Ich bin die Tochter von Pfarrer Schmidtborn aus Birnbach“, sagte sie. „Der Vorsteher hat anfragen lassen, ob wir ein Zimmer für Sie hätten. Nun soll ich Ihnen vom Vater ausrichten, dass Sie bei uns herzlich willkommen sind.“

Dem Gast wurde ein wenig wärmer ums Herz. „Ich komme gern, Fräulein ..."

„Lisbeth!" sagte das Mädchen und machte einen schnellen Knix vor dem Manne, der eigentlich viel zu jung aussah für einen Herrn Bürgermeister.

Sie ging ihm voraus durch den Schnee, kleine leichte Schritte, in die sich seine langen Beine schwer fügen konnten. Schließlich ging er voran. „Das Pfarrhaus werde ich schon nicht verfehlen."

Unter heiterem Geplauder kam ihm der Weg viel kürzer vor als am Morgen. Schon grüßten die ersten Häuser von Birnbach, das Pfarrhaus. Das Mädchen lief ihm durch den Garten voraus und öffnete die Haustür. Im Flur kam ihnen der Pfarrer entgegen, eine von Rheuma verzogene Gestalt, schwer auf den Stock gestützt, ein offenes, herzliches Gesicht.

Er streckte dem Gast beide Hände entgegen: „Gott segne Ihren Eingang, Herr Bürgermeister."

Im Esszimmer war der Tisch gedeckt. Suppe dampfte aus der Terrine. Erst jetzt spürte Raiffeisen, wie hungrig er war. Seit dem frühen Morgen hatte er nichts gegessen, war ihm nicht warm geworden.

Allmählich löste sich die Starre seiner Glieder. Er taute auf, lachte über das Erstaunen der Pfarrerin, dass ein so wichtiger Mann zu Fuß zu seinem neuen Amt marschiert sei.

„Ich gehe gern zu Fuß", sagte er, „meine Beine sind lang genug dafür, finden Sie nicht?"

Nach dem Essen überfiel ihn Müdigkeit, aber die Sitte wollte, dass man noch eine Weile zusammensaß.

Von Weyerbusch sprach der Pfarrer, von der Armut, die die Herzen verhärtet. „Sie werden es früh genug erleben, Herr Bügermeister."

„Man muss den Menschen nur richtig entgegenkommen", sagte Raiffeisen zuversichtlich. Der Pfarrer wiegte zweifelnd den Kopf. Seine Erfahrungen waren nicht rosig, und nicht nur seine! Auch die beiden Vorgänger Raiffeisens hatten schnell resigniert und die erste Gelegenheit benutzt, sich in freundlichere Gegenden abzusetzen.

„Das werde ich nicht tun", sagte Raiffeisen. Der Pfarrer maß ihn mit einem langen prüfenden Blick.

„Mag sein, dass Sie aus anderem Holz geschnitzt sind", sagte er, „aber Sie sind allein. Es ist schwer, hier oben ganz allein zu sein. Sie sollten daran denken, einen Hausstand zu gründen. Die Wohnung steht bereit."

Die Frau und das Mädchen blickten von ihrer Näharbeit auf. Die Pfarrerin nickte: „Mein Mann hat recht", sagte sie.

Als Raiffeisen schwieg, fuhr der Pfarrer eilig fort: „Bei uns können Sie natürlich bleiben, solange es Ihnen gefällt. Wir freuen uns."

Trotz Müdigkeit lag Raiffeisen noch eine Weile wach unter dem warmen Federbett. Ein Hausstand! Er war in einer großen Familie aufgewachsen. Später waren die Freunde da. Auch junge Mädchen, Töchter aus guten Familien in der Euterpia. Er hatte sie fast vergessen, nun holte die Einsamkeit ihre Gesichter zurück, eines vor allen anderen, ein Lächeln, das ihm plötzlich wieder lebendig wurde: die Apothekerstochter aus

Remagen! Sie freute sich, wenn er kam. Sie hörte zu, wenn er mit den Studenten-Freunden in der Wohnstube saß und diskutierte, im Rauch langrohriger Pfeifen, bei schwarzem Kaffee. Ihr freundlicher Blick löste ihm die Zunge. Mit ihr hatte er reden können.

Die Apothekerstochter in Weyerbusch – er versuchte, sich das vorzustellen: Das gebildete Fräulein aus wohlhabendem Haus zwischen Katen mit eingesunkenen Dächern, umgeben von argwöhnischen, verschlossenen Menschen. Drunten am Rhein blühten jetzt schon die Krokusse.

Er schob die Bilder von sich und drehte sich entschlossen zur Wand. Zuerst muss ich arbeiten, dachte er, arbeiten, arbeiten ... Im Traum ging er wieder durch den Schnee, Schritt für Schritt durch ein verschleiertes, unbekanntes Land.

Der nächste Morgen begann mit einer Enttäuschung. „Bei diesem Wetter wird kein Fuhrwerk nach Altenkirchen fahren", sagte der Vorsteher mürrisch. „Können Sie nicht einen Tag warten. Sie sind doch gut aufgehoben beim Pfarrer."

Also war es nichts mit dem Gepäck. Nicht einmal die Meldung an den Landrat konnte er abschicken.

Raiffeisen biss die Zähne zusammen. Nun gut, dann eben morgen. Das Amtszimmer war kalt wie am Tage vorher. Wer sollte bei dieser Temperatur den Finger rühren, schreiben, Gedanken fassen?

„Wer heizt das Amtszimmer?"

Das Grinsen des Vorstehers war nicht frei von Schadenfreude.

„Früher hat das die Frau vom Polizeidiener Brandt gemacht – sie wohnt zwei Häuser weiter. Aber heute wird sie schwer aus den Federn kommen. Die hat ein bisschen schwer geladen gestern im Gasthaus. Mit der müsst Ihr Geduld haben!"

Geduld, das war wohl das Erste, was man hier lernen musste!

Der Herr Bürgermeister stapfte höchstselbst durch den Schnee, um sich jemand zu besorgen, der ihm im Amtszimmer den Ofen heizte. Fehlte noch, dass er sich selbst vors Ofenloch hockte. Aber so weit ließ er es nicht kommen. Die Würde des Amtes musste gewahrt bleiben. Kindergeschrei und eine schimpfende Männerstimme empfing ihn in der Hütte des Polizeidieners. Es roch penetrant nach Fusel. Im Kessel über der offenen Feuerstelle brodelte eine undefinierbare Suppe. Vier Kinder im Alter zwischen fünf und zehn Jahren hockten auf einem breiten, verwüsteten Bett. Am Tisch schnitt ein Mann Brotscheiben vom Laib. Allmählich verstummte das Geschrei. Aller Augen starrten dem Gast entgegen. „Sind Sie der Polizeidiener Brandt?"

Der Mann versuchte Haltung anzunehmen, Brotmesser an der Hosennaht. „Was wünschen der Herr?"

Raiffeisen musste Brechreiz hinunterschlucken.

„Ihre Frau soll sofort die Amtsstube einheizen. Warum ist das nicht längst geschehen?" Bei den letzten Worten wandte er sich zum Gehen. Der Polizeidiener rannte ihm nach auf die Straße.

„Sie sind der neue Bürgermeister, Euer Gnaden?"

„Entschuldigen, Euer Gnaden, meine Frau kann heute nicht zu Diensten sein. Sie sehen ja …" Mit einer hilflosen Gebärde wies er ins Innere des Hauses. „Ich mache selbst Feuer, Herr Bürgermeister, sofort!"

Er lief hinter Raiffeisen her, der mit langen Beinen kräftig ausschritt. Sein Rücken wirkte keineswegs freundlich. „Es soll alles anders werden, Euer Gnaden, alles anders." Er rannte zum Schuppen, trug Holz ins Haus, hockte, bibbernd vor Kälte in seinem dünnen Jäckchen, vor dem schwarzen Ofenloch. Die Zurechtweisungen blieben dem Bürgermeister im Halse stecken. Schweigend ließ er sich am Tisch nieder und nahm die Papiere vor. Endlich knatterte ein Feuer im Ofen.

„Wann soll morgens angeheizt werden, Euer Gnaden?" Der Polizeidiener war bereits im Begriff, sich rückwärts zur Tür hinauszudrücken.

„Um sieben Uhr!" sagte Raiffeisen ohne aufzublicken. „Um sieben Uhr?" wiederholte Brandt, „so früh? Das hat noch keiner befohlen."

In dieser ersten Zeit saß der Bürgermeister jeden Tag von morgens bis abends auf dem harten Stuhl des Amtszimmers und ackerte sich durch den unerledigten Schriftverkehr. Stand der Samtgemeinde kein eigener Schreiber zu? Der Lehrer, der bisher als Hilfsschreibkraft in der Kanzlei mitarbeitete, hatte sich noch nicht blicken lassen.

Der Polizeidiener versah den härtesten Dienst seines Lebens. Fast täglich musste er an die 25 Ortschaften Berichte austragen, Erkundigungen einholen. Er schimpfte in den Wirtschaften, die er unterwegs aufsuchte, um sich zu stärken. Der Bürgermeister erfuhr davon nichts. Er war keiner, dem man Klatsch zuträgt. Nach und nach erschien das Publikum – Ratsuchende, Antragsteller, Stimmengewirr vor den Fenstern und draußen im Flur.

Raiffeisen setzte bei der Behörde durch, dass ein zweites Amtszimmer als Warteraum eingerichtet wurde. Darin gab es Bänke und einen Ofen. Frau Brandt schrubbte die Böden. Nun standen die Besucher nicht mehr draußen. Sie brauchten bei Regen nicht mehr in dem einzigen Amtszimmer zu warten, bis die Reihe an sie kam. Hier und da wurde ein Lob für den neuen Bürgermeister laut, ein zurückhaltendes Lob, mit allen Zweifeln, Vorbehalten und „man wird schon sehen; am Ende sind sie doch alle die gleichen, die Herren von der Regierung."

Im März endlich taute der letzte Schnee. Die Dorfstraße verwandelte sich in einen grundlosen Morast. Die Bauernkarren versanken bis an die Achsen. Lisbeth stellte Sträuße von Schlüsselblumen und Anemonen auf den Tisch des Gastzimmers: kleine Lichtblicke in der Düsternis von Trägheit und Resignation.

„Sie müssten erst mal die Wege in den Dörfern draußen sehen", sagte der Pfarrer, als Raiffeisen sich bitter über den Straßenzustand beklagte. „Auf manchen kann man überhaupt nicht mehr fahren. Alles, was die Leute brauchen, wird im Rückenkorb auf die Dörfer geschleppt."

„Sie brauchen nicht viel", sagte Raiffeisen bitter. „Aber selbst das wenige haben sie nicht", sagte der Pfarrer.

„In manchen Häusern sind Brot und Kartoffeln längst ausgegangen. Die Leute wandern bis nach Altenkirchen, um Brot zu kaufen. Die Preise sind entsprechend gestiegen."

„Wie können sie das teure Brot bezahlen?"

„Die herumziehenden Händler geben es auf Borg, natürlich mit hohen Zinsen. Der Bäcker in Altenkirchen nimmt nur bares Geld."

„Ich muss auf die Dörfer", sagte Raiffeisen. „Ich muss mir das Elend selber anschauen. Man muss das Übel an der Wurzel packen. Aber wo sitzt die Wurzel? Gibt es eine oder viele? Wie geht man ihnen zuleibe?"

Er machte sich auf den Weg, ging von Haus zu Haus, saß an ihren Tischen, blickte in Scheune und Stall. Sie ließen ihn gewähren und hielten den Mund. Er war der Fremde, der Herr, den die Regierung zum Aufpassen geschickt hatte. Die Regierung hat sich noch nie um die Not der kleinen Leute gekümmert. Sie stört nur, fragt, bohrt, macht sich wichtig und lässt alles beim Alten. Bleibt uns nur mit der Regierung vom Leibe!

Wenn Raiffeisen von seinen Gängen zurückkehrte, fühlte er sich einsamer denn je, ein Störenfried, ein unerwünschter Gast. Aber er konnte nicht aufgeben. Er hatte genug gesehen, um sich eine Vorstellung vom Ausmaß der Not zu machen.

Ich muss einen Weg zu ihrem Vertrauen finden, dachte er, vielleicht durch die Kinder.

Allmählich wurden die Wege wieder gangbar. Die Kinder aus den Döfern kamen zur Schule, nicht alle, aber doch mehr als im Winter.

Raiffeisen suchte den Lehrer auf. Obwohl er den Kirchendienst mit versah, war sein Gehalt gering, dass er nicht daran denken konnte, eines seiner fünf Kinder auf die Höhere Schule zu schicken. Lehrer Weiher war müde geworden. Er sprach nicht viel, nie hörte man ihn klagen. Aber eines Tages war das Maß voll. Die Bitterkeit brach aus ihm heraus.

Er trug das schwarze Trauerband, als er verstört in der Amtsstube erschien. Ein Kind war gerade begraben worden. Eines seiner Schulkinder, Tochter eines Tagelöhners. „Sie hätte nicht sterben müssen", sagte er immer wieder, „in meiner Schule hat sie sich den Tod geholt! Nach einer Stunde Schulweg bei Regen und Wind saß sie mit durchnässten Kleidern und Schuhen in der feuchtkalten Klasse. Es ist ein Verbrechen. Man sollte das Schulhaus anzünden."

Er hielt seinen Unterricht seit Jahren in einem halb verfallenen ehemaligen Bauernhaus. Der Besitzer hatte es der Gemeinde verkauft, ehe er nach Amerika auswanderte. Im Erdgeschoss wurden die Zwischenwände herausgenommen, die Decke mit Balken abgestützt, das war die ganze Renovierung. Der Raum war viel zu klein für 70 Kinder. Manche mussten auf den Fensterbrettern und auf der Türschwelle sitzen. Von drei Seiten fiel dunkel und feucht der Waldschatten über das Dach. Die Mauern glänzten vor Feuchtigkeit. Im Schrank schimmelten Schulbücher und Hefte.

„Seit Jahren bettle ich um eine neue Schule", sagte der Lehrer. Er musste sich niedersetzen. Die alte Müdigkeit kroch in ihn zurück. „Dieses Kind hätte nicht sterben müssen."

Am anderen Morgen erschien während des Unterrichts der Bürgermeister in der Klasse. Schweigend setzte er sich auf den frei gewordenen Platz. Er fuhr mit der Hand über den feucht abbröckelnden Bewurf der Mauer, bückte sich nach dem Holzschwamm, der zwischen den Dielen wucherte. Die dumpfe Luft legte sich ihm schwer auf die Brust. Bis Mittag blieb er sitzen. Die Kinder vergaßen ihn, blickten sich nicht mehr um. Als er sich vom Lehrer verabschiedete, war sein Gesicht blass und erregt.

„Es muss etwas geschehen – sofort!" Der Lehrer hob die Schultern. „Das habe ich auch gesagt, früher …", und als der andere eine unwillige Bewegung machte: „Sie sind noch nicht lange in Weyerbusch, Herr Bürgermeister."

„Zu lange, um mir das weiter anzusehen", sagte Raiffeisen.

„Ob nun jeder mittut?"

Kopfschüttelnd blickte der Lehrer ihm nach. Für den kommenden Sonntag lud der Bürgermeister alle Ortsvorsteher nach Weyerbusch. Alte Bauern mit misstrauischen Mienen sammelten sich um den neuen Mann im Amt. Keiner kannte den Grund der Einladung außer ihm.

Seine Begrüßung war kurz, kein Pathos, kein Wort zu viel. Auf der Tagesordnung stand heute nur ein Punkt: die alte Schule von Weyerbusch.

„Hat sich der Lehrer mal wieder über die bösen Eltern beklagt?" spottete der Vorsteher von Birnbach. „Zu denen gehöre ich auch. Wenn Arbeit auf dem Hofe ist, müssen die Kinder eben zu Hause bleiben. Das geht vor."

Raiffeisen überhörte die Bemerkung. Er schilderte seinen Besuch im Schulhaus mit allen Einzelheiten. Die Art, wie er die Dinge beim Namen nannte, war dem üblichen Sitzungs-Dämmerschlaf nicht förderlich. Die Zuhörer rutschten auf ihren Stühlen, räusperten sich, tauschten Blicke.

„Wir brauchen eine neue Schule", schloss der Bürgermeister.

Eine Weile sprach niemand. Dann kam von verschiedenen Seiten das Argument Nummer Eins: „Wer soll das bezahlen?"

Der Bürgermeister wusste ebenso gut wie jeder von ihnen, dass die Gemeindekassen leer waren. In Weyerbusch gab es keinen reichen Mann, der als Stifter eines neuen Schulhauses infrage käme. Das alles hatte Raiffeisen längst bedacht.

„Dann muss eben jeder seinen Teil dazutun", sagte er in trockenem Ton, als handele es sich um die natürlichste Sache der Welt. „Die Schule geht uns alle an. Wenn die Bauern mit ihren Pferdegespannen umsonst Ziegel, Kalk und Sand transportieren, wenn die Arbeiter und Handwerker jede Woche den Lohn eines Arbeitstages opfern und auch ich einen entsprechenden Beitrag sofort dazulege, können wir morgen mit der Arbeit anfangen."

Unruhe entstand unter den alten Männern. Das ging ans Eigene, an Hab und Gut, an die eigene werte Haut. „Ihr vergesst die Armen in unseren Ortschaften. Was wir mit Sammeln hereinbringen, reicht nicht einmal aus, sie zu unterstützen."

„Wir müssen eben mehr geben", sagte Raiffeisen ungerührt. Sein Blick ging von einem zum anderen, ein scharfer Blick trotz Brille, ein ungemütliches Stechen und Bohren im dicken Fell der Gewohnheit. „Wir müssen zusammenhalten. Ich werde nicht ruhen, bis der Schulbau begonnen ist."

Von allen Seiten prasselten nun die Einwände. Er behielt sie im Kopf, antwortete auf jeden, aufmerksam, intelligent, nicht ohne Schärfe, wenn er Ausflüchte spürte. Es sah so aus, als hätte er nun alle gegen sich: Ein Außenseiter, ein Verrückter mit verstiegenen Ideen, stieß sich am Prellbock der Altersweisheit.

Im Stimmengewirr fiel es gar nicht auf, dass sich der älteste Vorsteher vom Stuhl erhoben hatte. Erst als er sich räusperte, gingen die Köpfe herum. Stille trat ein, Erwartung des abschließenden Verdiktes. „Sollen wir uns von dem jungen Bürgermeister beschämen lassen?" sagte er. „Ich sage: Bauen wir eine neue Schule!"

Nach der Abstimmung, die einstimmig für den Vorschlag ausfiel, bedeckte der Bürgermeister für einen Moment die brennenden Augen mit den Händen. Er hatte gewonnen. Der erste Sieg! Es gab wenig Zeit, sich darauf auszuruhen. Schon in der nächsten Woche rollten die ersten Ziegelfuhren an. Es sprach sich herum von Haus zu Haus, von Dorf zu Dorf.

Der neue Bürgermeister baut eine Schule! Noch immer wohnte Raiffeisen im Birnbacher Pastorenhaus. Die Gespräche am Abend gingen selten über den Kreis dörflicher Probleme hinaus. Meist endeten sie mit einem wohlwollenden Schulterklopfen: Nur so weiter, junger Freund! Setzen Sie sich ruhig unmögliche Ziele, dann werden Sie vielleicht doch das Mögliche erreichen. Das Weltbild des alten Pfarrers war längst abgeschlossen und ließ nichts Neues mehr ein. Die freundliche Resignation scheinbarer Weisheit hatte etwas Lähmendes. Raiffeisen verbarg nur mühsam seine Ungeduld. Wer entscheidet über die Möglichkeit oder Unmöglichkeit von Zielen? Muss man nicht irgendwo anfangen, zugreifen, um handelnd zu erkennen, was möglich ist? Muss denn die Welt so bleiben, wie sie ist? Ist sie je so geblieben, wie sie war? Was ihm hier fehlte, war der Partner, die verständige, verstehende Gegenstimme bei Überlegungen, der Rat, die freundschaftliche Unterstützung. Denn er wollte handeln. Das Verweilen in weltverbessernder Theorie bereitete ihm keine Befriedigung. Erst in der Tat konnte er seine Geduld und Zähigkeit entwickeln, seine Findigkeit für neue Wege, wenn die alten verbaut waren.

Die Briefe an die Freunde reisten zu lang, um aktuell zu bleiben. Eine Woche musste er mindestens auf Antwort warten. Dann hatten die Anregungen ihren Schwung bereits verloren. Die Zeit war darüber hinweggegangen.

Ende April schrieb er an die Brüder Bungeroth, Lehrersöhne aus Hamm, die ihn früher in den Kreis der Euterpia eingeführt hatten: „Ich sitze hier in der Einsamkeit der Wälder und Moore wie ein Gefangener. Wenn ich abends nach meinen Amtsstunden durchs Dorf gehe und in der Wirtschaft die Tagelöhner sitzen sehe, wie sie grölend im Branntwein ihr einziges Glück finden, dann fühle ich es besonders, wie schwer es ist, anderes menschliches Schicksal zu wenden. Ich hab eine kleine Schrift über die Schädlichkeit des Branntweins verbreitet. Erst nachher fiel mir ein, dass die, welche es am allermeisten betraf, meine Blätter ja nicht einmal lesen konnten.

Wenn ich dann im sinkenden Abend allein am Rand des Föhrenwaldes hinter Weyerbusch entlang gehe, ruft nur höhnisch ein Käuzchen, und kein einziger Mensch sucht und erwartet mich.

Lieber Freund Karl, aus dieser Stimmung heraus wirst Du meine Bitte verstehen: Mach Dich für ein paar Tage frei und besuche mich in Weyerbusch! Wir wollen dann gemeinsam bis nach Hamm hinüber wandern und zugleich heimkehren in die Tage unserer glücklichen Jugend ..."

Vier Tage später erschien statt einer Antwort Karl Bungeroth selbst, der eben sein zweites theologisches Examen bestanden hatte und auf eine Pfarrstelle wartete. Er kam zu Fuß von Altenkirchen herauf gewandert, voller Naturseligkeit und Frühlingsentzücken platzte er in die muffige Amtsstube: „Du Glücklicher! In welches Paradies haben sie dich versetzt!"

Blinzelnd wie ein vom Tageslicht überraschter Maulwurf blickte der Bürgermeister von seinen Papieren auf. Gerade heute hatte er zusehen müssen, wie die Bettelkinder in Horden durch die Dorfstraße zogen, vorüber an den Fenstern des Bürgermeisteramtes. Es war ihm, als käme der Freund aus einem anderen, helleren, größeren Leben, in dem er, der Bürgermeister von Weyerbusch, nichts mehr zu suchen hatte. „Schließ deine Papiere in den Schrank", sagte Bungeroth. „Das Wetter ist himmlisch. Wir ziehen gleich los und entdecken unsere Kindheit. Seit zehn Jahren bin ich nicht mehr daheim gewesen."

Es war nicht leicht, Raiffeisen von seinem Schreibtisch zu reißen. Der Freund musste zusehen, wie umständliche Vorbereitungen getroffen wurden: Verschiebung einer Schlichtungsverhandlung; Entwurf der Verständigung, die der Polizeidiener austragen muss; Anweisungen für den Bau; Übergabe des Schlüssels an den Ortsvorsteher.

„Es geht auch ohne dich", sagte Bungeroth ungeduldig. Raiffeisen glaubte ihm nicht recht, aber der Fußmarsch lockte. Er liebte weite Wanderungen. Nur schreitend, Strecken zurücklegend, konnte er sich erholen.

Am gleichen Nachmittag wanderten sie los, ließen die Häuser von Weyerbusch hinter sich. Kein Gepäck! Es gab Wirtshäuser unterwegs, und die Mutter in Hamm würde aus der Speisekammer auftragen. Sie führte immer noch die Landwirtschaft. Ein ganzes Jahr war der Sohn nicht mehr zu Hause gewesen, und wohnte doch so nah.

Bei jedem Schritt fielen Jahre von ihm ab. Er war noch jung, – erst siebenundzwanzig – fast hatte er es vergessen. Aber er hatte nicht vergessen, wie man auf Grashalmen pfeift, wie man Haselstecken schnitzt.

„Weißt du noch?", sagte Karl Bungeroth. Als Kinder hatten sie miteinander gespielt, gelernt, Gedanken und Geheimnisse ausgetauscht. „Weißt du noch, welche Angst du hattest, scheintot begraben zu werden, Angst, dein Herz schlüge noch, aber nicht laut genug, um den anderen zu sagen: ich lebe noch!" Raiffeisen konnte darüber nicht lachen. Diese Angst war nicht mit der Kindheit entschwunden. Sie begleitete ihn immer noch. Beim Austritt aus dem Nadelwald öffnete sich der Blick auf das grüne Siegtal. Sie traten zwischen das lichte Laub der Buchen. Zart und feucht entrollten sich die Blattspitzen aus den eben aufgesprungenen Knospen. Die Natur öffnete sich ringsumher, begann ein neues Leben. Die Luft ging frisch und prickelnd, Raiffeisen ließ den Haselstecken kreisen. Er hatte Lust zu laufen, in großen Sprüngen Abhänge hinab zu stürmen.

Aus einem ärmlichen Häuschen vor Hilgenroth fuhr ihnen ein struppiger Hund zwischen die Beine. Raiffeisen wehrte ihn mit dem Stecken ab, traf ihn dabei unabsichtlich auf die Schnauze. Heulend, mit eingekniffenem Schwanz, kroch der Köter ins Haus zurück. Eine Frau schimpfte wüst hinter ihnen her:

„Ihr Tagediebe! Ihr vornehmen Nichtstuer! Ein armes Tier könnt ihr schlagen. Euch sollte man prügeln, ihr Blutsauger der Armen!"

Betroffen sahen sich die Wanderer an.

„Da hat der Religionsunterricht wenig ausgerichtet", sagte Bungeroth. Der scherzhafte Ton gelang ihm nicht. „Die Religion muss Tat werden, sonst überzeugt sie nicht", sagte Raiffeisen.

„Du hättest Pfarrer werden sollen."

„Es gibt genug Pfarrer", sagte Raiffeisen. „Was fehlt, sind Hände, die zugreifen."

Dämmerung kroch aus den Tälern. Vor ihren Füßen längten sich die Schatten. Das Weidevieh kehrte in die Ställe zurück. Nach und nach verstummte das Geläut der Kuhschellen, und Abendstille breitete sich aus. Endlich lugte über einen Hügelkamm der Kirchturm von Hamm. Die Häuser am Hang duckten sich schon im Schatten. Weiter unterhalb spiegelte der Fluss die Farben des Sonnenuntergangs.

Die Dorfstraße war leer. Sie saßen wohl alle beim Abendessen in der Küche. Ungesehen erreichten die Freunde das Lantzendörfferhaus, das immer noch wie ein Honoratiorenhaus wirkte. Seit Generationen residierten dort Bürgermeister aus der Lantzendörffer-Familie. Gottfried Friedrich Raiffeisen aus Schwäbisch Hall, Friedrich Wilhelms Vater, hatte eine Lantzendörffer-Tochter geheiratet und war seinem Schwiegervater im Amt nachgefolgt, für wenige Jahre. Nun stand sein Sohn vor der Tür, auch er ein Bürgermeister im Westerwald.

Hinter den Scheiben war noch Licht. Raiffeisen klopfte ans Fenster, wie er es oft getan hatte, wenn er von Koblenz oder Köln auf Urlaub nach Hause kam. Sofort rührten sich Schritte. Die Frau zog den Riegel zurück, hob die Öllampe über die Ankömmlinge, blinzelte aus müden Augen und erkannte sie nicht.

„Ich bin es, Mutter", half Raiffeisen, „und das ist Karl Bungeroth, der frischgebackene Pfarrer."

„Kommt ins Warme", sagte die Mutter, „Ihr habt sicher Hunger. Wie siehst du denn aus, Junge?"

Drei Tage blieben die Freunde in Hamm, ließen sich von der Mutter verwöhnen, scherzten mit den Geschwistern, den wenigen, die noch daheim waren, schwelgten in Erinnerungen. Sie gingen die alten Wege, besuchten Lehrer und Freunde von früher, erzählten, was ihnen widerfahren war, draußen in der großen Welt.

Den Sohn freilich wie auch seine Mutter bedrückte in diesen Tagen, was sie Karl Bungeroth nicht merken lassen mochten. Der Vater lebte noch, aber er dämmerte dahin. Der Sohn durfte nicht stolz und selbstbewusst melden, dass er selbst jetzt Bürgermeister geworden sei, nicht berichten, welche Aufgaben er angepackt hatte und noch bewältigen wollte. Mehr noch als bisher dankte Raiffeisen seiner Mutter; was sie, stark in vielerlei Not und Qualen, stark auch im Verzichten, ihm und seinen Geschwistern für das Leben mitgegeben hatte. Der kranke Vater – er war für den Sohn nicht mehr vorhanden.

Raiffeisen wurde langsam ungeduldig. Weyerbusch drängte sich in seine Gedanken: der Schulbau – die Armen ...

Karl Bungeroth versuchte vergeblich, ihn zu einem Abstecher nach Siegen zu überreden. Dort wohnte die Schwester des jungen Pfarrers. „Ich vermisse das weibliche Element in deinem Leben", scherzte er. „Willst du dich als ewiger Junggeselle in Weyerbusch vergraben?"

Raiffeisen nahm die Warnung auf die leichte Schulter. „Kannst du dir ein Mädchen vorstellen, das man nach Weyerbusch holen könnte? Schließlich bin ich auch nicht der kurzweiligste Partner, den man sich vorstellen kann."

„Ich kenne aber jemanden, der dich kurzweilig fand – und immer noch findet", sagte Bungeroth. „Man braucht im Apothekerhaus von Remagen nur den Namen Raiffeisen zu nennen, dann horcht ein gewisses braunäugiges Fräulein auf, es wird rot im Gesicht und kann gar nicht genug hören. Wie gehts ihm? Was denkt er? Was macht er? Die würde vielleicht auch nach Weyerbusch …"

Raiffeisen schnitt ihm das Wort ab. „Ich muss fort", sagte er, „die Arbeit wartet. Alles zu seiner Zeit."

Sie verabschiedeten sich vor der Tür des Lantzendörfferhauses. Die Mutter fand es nicht ganz passend für einen Herrn Bürgermeister, auf Schusters Rappen in seinen Amtssitz zurückzukehren. „Du könntest dir doch eine Kutsche leisten", meinte sie.

Raiffeisen beruhigte sie lächelnd: „Sitzen kann ich noch genug in meiner Kanzlei, und was die Leute betrifft: Bis Rimbach kennt mich kein Mensch, dahinter wird es Nacht sein, und in der Nacht sind alle Katzen grau." Sie winkten einander noch eine Weile zu: die Mutter auf der Vortreppe, der Freund beim Abstieg ins Siegtal, Raiffeisen auf dem Höhenweg, dann war er wieder allein mit seinen Gedanken und Plänen.

Von der nächsten Höhe aus blickte er sich noch einmal um. Vom Nachmittagsdunst entrückt hing das Dorf seiner Kindheit zwischen Berg und Fluss. Als er sich dann abwandte, war es bereits Vergangenheit geworden, ein Ort der Erinnerung, zurückgelassene Station eines abgelegten Lebens.

Je mehr er sich Weyerbusch näherte, seine Gedanken Weyerbusch zuwandte, desto schwerer fiel Einsamkeit auf sein Herz. Da warteten die Gemeinden mit ihren Problemen auf den Herrn Bürgermeister, aber kein Mensch, kein einziger, wartete auf den Menschen Friedrich Wilhelm Raiffeisen.

Briefe aus Weyerbusch

Die Heimkehr war nicht dazu angetan, den Bürgermeister fröhlich zu stimmen. Der Vorsteher wunderte sich über seine frühe Rückkehr. Der Ofen war kalt, die Amtsstube öder denn je.

Kein Mensch hatte die Papiere angerührt, auf denen schon wieder der Staub lag. Die Blumen in der Vase waren verwelkt.

Oder hatte der Bürgermeister von seinem Ausflug einen neuen, anspruchsvolleren Blick mitgebracht? Bemerkte er Dinge, die ihm vorher entgangen waren?

Das Wandern konnte er sich nicht so schnell abgewöhnen. Er lief immer wieder um den Tisch herum, verweilte am Fenster, blickte voll unbestimmter Sehnsucht auf das Blühen der Frühlingsbeete. Und dann ergriff er plötzlich die lange Büroschere, ging damit in den Garten und schnitt sich einen ganzen Buschen gelber Narzissen. Erst als der Strauß, mit frischem Wasser versorgt, in der Vase prangte, setzte er sich nieder und zog zögernd den Ordner zu sich heran.

Aber kaum hatte er seine Gedanken gesammelt, kreischte die Haustür. Der Bürgermeister hob den Kopf und horchte auf die leichten Schritte im Flur. Einen Augenblick war Stille, dann klopfte es. Herein huschte Lisbeth, eine große Mappe unter dem Arm: Die hat der Herr Bürgermeister auf seinem Zimmer liegen gelassen, vielleicht braucht er ihren Inhalt.

Sie hat ohnehin vorbeikommen müssen. Er soll sich nicht stören lassen, sie muss gleich wieder gehen. Ganz aufgeregt ist sie, dunkelrot bis in die Haare hinein, und als dann ihr Blick auf die Blumen fällt, ist es gänzlich aus mit ihrer Fassung: „Oh, Sie haben schon Besuch gehabt am frühen Morgen?" stotterte sie und lief plötzlich davon, ohne auch nur auf Wiedersehen zu sagen. Es ging alles so schnell. Erst jetzt, nachdem die Tür zugefallen war, begann Raiffeisens Verstand langsam und methodisch zu arbeiten: Sie hatte etwas. Sie war anders als sonst. Es hing mit mir zusammen. Sie musste sowieso vorbeikommen? Das stimmte doch im Leben nicht. Und die Mappe lag schon seit Wochen in meinem Zimmer. Und was war mit dem Blumenstrauß? Oh, Sie haben schon Besuch gehabt am frühen Morgen? Das gab ihr den Rest. Was für einen Besuch hatte sie sich ausgedacht? Damenbesuch? Was hatte sie gegen Damenbesuch im Amtszimmer? Endlich ging ihm ein Licht auf. Herr Gott, sie ist verliebt! Er sprang auf, wanderte von Neuem um den Tisch herum. Hab ich irgendetwas gesagt, getan, woraus sie schließen könnte ...? Natürlich, seit Wochen wohnte er nun schon im Pastorenhaus. Er hatte daran gedacht, die Amtswohnung einzurichten. Andrerseits war ihm wegen des Beitrags zum Schulbau das Geld knapp geworden, und es fehlte der Anlass.

Er blieb vor seinem Arbeitsplatz stehen, blätterte stehend in den Papieren: Rechnungen der Ortschaft Gutenrath, Einnahmen aus dem Holzeinschlag, Eintragungen über Straßenmaut, Akten der Armenfürsorge, Neubau einer eingestürzten Straßenbrücke. Es lag wahrhaftig genug vor, aber seine Gedanken schweiften ab. Bilder schoben sich zwischen ihn und den Alltag von Weyerbusch. Nicht die kleine Lisbeth, sondern Emilie Storck, die Apothekerstochter sah er, wie sie an ihrem 17. Geburtstag die Gäste begrüßte. Die Eltern hatten zu einem Hausfest mit Tanz eingeladen. Raiffeisen, neugebackener Verwaltungsbeamter, hielt sich von den Tanzenden fern, schüchtern, vielleicht auch ablehnend unter dem Einfluss seiner puritanischen Erziehung. Und dann war plötzlich Emilie neben ihm, auch sie schüchtern, und das Gespräch ging nicht gerade flüssig voran, bis sie an einen Gegenstand gerieten, der ihnen beiden am Herzen lag. Da saßen sie plötzlich nebeneinander auf dem Sofa, vergaßen Musik und Gesellschaft ringsum, sprachen über die Horden bettelnder Kinder, die unten im Rheintal von der Polizei gesammelt und in Waisenhäuser gesteckt wurden. Raiffeisen erinnerte sich an einen Zeitungsbericht aus England: Der Direktor eines Waisenhauses in Glasgow vermietete die ihm anvertrauten Kinder tagsüber zur Arbeit in den neuerrichteten Webereien, und brachte auf diese Weise alle Unkosten, die sie dem Heim verursachten, mit Zinsen wieder herein. „So verdienen sie am Unglück der Kinder!" Entsetzt blickte Emilie zu ihm auf. „Glauben Sie, dass so etwas auch bei uns passieren könnte?"

„So weit darf es nicht kommen. Man muss die Ursachen solcher Zustände aufspüren. Solange man die Kinder nur einfängt, werden aus den Armutsgebieten immer neue Bettelkinder ausschwärmen." Sie spürten, während sie sprachen, wie nahe sie einander waren. Ihre Gedanken berührten sich. Noch jetzt, während er sich erinnerte, spürte Raiffeisen die freudige Erregung dieser Augenblicke: Sie versteht mich, ich verstehe sie!

Als sie sich verabschiedeten: „Kommen Sie bald wieder zu uns, Herr Raiffeisen!" hatte ihre Hand ein wenig länger als üblich in der seinen gelegen, und auch als sie sich getrennt hatten, als er hochgestimmt nach Hause ging, hatte es in seiner Hand geprickelt und gebrannt, und er hatte an die magnetischen Ströme von Mensch zu Mensch gedacht, von denen zu dieser Zeit so viel die Rede war.

Und dann hatte er Emilie Storck doch aus den Augen verloren. Nicht, dass er die Augenblicke des Verstehens vergessen hätte, aber ein kommissarischer Kreissekretär in der Eifel war keineswegs als passende Partie für die Apothekerstochter anzusehen, und ein Flirt ohne ernste Absichten war für Raiffeisen undenkbar, so wie er veranlagt und erzogen war.

Wie aber lagen die Dinge jetzt?

Während er immer noch gedankenlos in den Papieren blätterte, wusste er plötzlich mit großer Gewissheit, dass er etwas unternehmen würde, sehr bald, schon heute.

Er tat einen tiefen Atemzug. Dann schob er alle diese Überlegungen entschlossen zurück, und begab sich zu einer kurzen Besichtigung auf die Baustelle. Es ging voran, aber die Aufgaben der Leitung und Organisation warteten, dass er sie wieder in die Hand nähme: Materialbeschaffung, Lohnverrechnung, die Ausschreibung neuer Gespann- und Handdienste. Als er ins Amtszimmer zurückkehrte, pfiff er leise vor sich hin.

Der Mittagstisch im Pfarrhaus verlief heute auffallend still. Lisbeth war mit dem Kutschwagen des Vorstehers nach Altenkirchen gefahren und würde erst am Abend zurück sein. Raiffeisen verabschiedete sich rasch. Nicht ohne Bedauern blickte die Pfarrerin ihm nach. Vermisste sie nur das Nachtischgespräch oder ahnte sie etwas von den Gefühlen der Tochter, hatte sie vielleicht selbst ein wenig in diese Richtung gedacht?

Die Arbeit befreite ihn von peinlichen Überlegungen. Ein Grenzstreit zwischen zwei Bauern war zu schlichten. Die jungen Pappeln, mit denen die Ränder der neuen Straße von Weyerbusch nach Birnbach bepflanzt werden sollten, waren heute aus der Neuwieder Baumschule angekommen. Die Lehmkate eines Tagelöhners musste wegen Einsturzgefahr amtlich geräumt werden. Die Bewohner wollten nicht ausziehen. Der Bürgermeister musste alle Überredungskünste aufwenden, um sie zum Umzug in eine notdürftig hergerichtete Scheune zu bewegen.

So ging auch dieser Tag vorüber. Nach dem Abendessen ging Raiffeisen sofort auf sein Zimmer. Nun war die Zeit gekommen, seinen Entschluss vom Vormittag zu verwirklichen. Ohne weiter nachzudenken, setzte er sich an den Tisch und begann beim Schein der Lampe einen Brief an das Fräulein in Remagen. „Hochgeschätztes Fräulein Emilie Storck!

Darf ich hoffen, dass Sie sich meiner noch immer entsinnen: Es ist schon wieder mehr als ein halbes Jahr vergangen, seit ich Ihnen das letzte Mal aus Mayen in der Eifel schrieb. Indessen hat sich meine Lage ziemlich verändert. Ich bin als kommissarischer Bürgermeister für den Gemeindebezirk Weyerbusch eingesetzt worden, welchem Dekret bald die definitive Ernennung folgen dürfte.

Seit mehr als zwei Monaten sitze ich hier allein auf der Höhe des Westerwaldes. Meine Aufgaben als Bürgermeister geben mir reichlich zu tun. Es ist nicht immer leicht, in diesem ‚Land der armen Leute' einen solchen Beruf zu erfüllen. Die Not vieler Menschen tritt oft hart an mich heran, und die Möglichkeiten, zu helfen, sind für einen einzelnen Menschen sehr begrenzt. Es müssten neue Wege zur Beseitigung der Ursachen der Armut gefunden werden. Ich scheute mich nicht, solche zu gehen, aber meinem begrenzten Verstande fehlen noch die Einsichten dazu.

So viel es auch zu tun gibt, und so gern ich meinen neuen Beruf erfülle, der mich endlich zur Beschäftigung mit Menschen und ihren Werken heranführt, so fühle ich mich doch zu manchen Zeiten sehr allein. Die frohen und mit so viel Freundschaften ausgefüllten Zeiten der ‚Euterpia' sind vorbei. Ein ganz neuer Abschnitt des Lebens hat für mich begonnen, und es scheint mir, dass er der bestimmende für mich geworden ist. Hier wird es mir nie an Aufgaben mangeln, und des Menschenlebens ganzer innerer Reichtum könnte sich entfalten.

Ich schrieb mit Absicht ‚könnte'. Denn dazu fehlt mir noch die endgültige Festigung meines Charakters und die innere Sicherheit in allen Entschlüssen, die einem Menschen doch zu eigen werden soll. Es fehlt oft ein ratender oder auch nur ein teilnehmender Mensch …"

Die Feder stockte ihm. War dieser Brief nicht zu deutlich, zu direkt in seinem Anspruch? Er wollte das Mädchen nicht überrumpeln, seinen Entschluss nicht im Voraus bestimmen. Er griff das Papier, als wollte er es zerreißen. Dann legte er es wieder hin und strich es glatt. Der Entschluss vertrug keinen Aufschub. Was er heute nicht schrieb, würde er vielleicht nie schreiben. Emilie sollte selbst entscheiden. Aber sie sollte auch wissen, was zu entscheiden war.

Entschlossen setzte er die Feder von Neuem aufs Papier: „Ich bin gerade dabei, meine Wohnung im Bürgermeisterhause einzurichten. Wer wäre besser geeignet, mir zu raten, als eine junge Frau, die sich vielleicht schon manchmal Gedanken darüber gemacht hat, wie eine Wohnung aussehen müsste, in welche sie selber einmal einziehen wollte. Ein Mann versteht doch nicht viel mehr davon, als dass die Möbel Freude und Behagen ausstrahlen sollen, dass alle Dinge in den Schränken sauber und wohl geordnet sein müssten, und dass in der Mitte der Stube ein Tisch zu stehen hätte, der sich immer wieder von selber mit einfachen, gesunden Speisen deckt.

Aber nun will ich mit dem Spaß aufhören und Sie, liebes Fräulein Storck, in allem Ernst fragen, ob Sie mir raten oder zu Bildern oder einem Katalog über eine gediegene Wohnungseinrichtung verhelfen könnten. Denn ich hause immer noch auswärts und will diesen Zustand sobald als möglich beenden. Mein Brief ist bereits sehr umfangreich geworden. Aber ich wagte ihn nur mit der Berufung auf unsere vertrauten Zeiten im arkadischen Freundschaftsbund der ‚Euterpia' und knüpfe daran die Hoffnung, dass der Kranz dieser Freundschaft auch für uns beide ewig blühen möge.

In aller Ergebenheit Ihr
Friedrich Wilhelm Raiffeisen"

Er las das Geschriebene noch einmal durch, faltete das Blatt, steckte es in den Umschlag, schrieb die Adresse.

Der Anfang war geschafft. Was jetzt kam, sollte sie entscheiden. Noch lange stand er am Fenster, atmete die Gerüche von Wachstum und Blüte. Die Einsamkeit lastete nicht mehr. Der Brief hatte ihn darüber hinweggetragen. Vielleicht stand auch dem Menschen Friedrich Wilhelm Raiffeisen ein neuer Anfang bevor.

Arbeit, immer wieder Arbeit half ihm über die Ungeduld der Erwartung hinweg. In der Folgezeit konzentrierte er seine Aufmerksamkeit auf die Wege und Straßen in dem großen Amtsbezirk.

Die meisten Fahrwege besaßen keinen festen Untergrund aus Steinen und Schotter. Die von den Fuhrwerken ausgeschlagenen Löcher wurden von den Bauern mit Kartoffelkraut und Fichtenzweigen aufgefüllt. Jeder Regen verwandelte sie in Morast. Für Wochen kam der Wagenverkehr zum Stillstand. Die spärlichen Erzeugnisse der Weber und Töpfer, der Korbflechter und Weberinnen konnten nicht mehr transportiert und verkauft werden. So erlag auch die Heimarbeit, und dieser wesentliche Nebenerwerb fiel aus.

Unermüdlich durchforschte der Bürgermeister die Gegend, suchte und fand aufgelassene Steinbrüche, auch Schotterhalden, die urzeitliche Flüsse in diesem Gebiet abgelagert hatten. Weg für Weg wurde sachgemäß ausgebaut. Die auf der Inspektionsschule erworbenen Kenntnisse trugen reichliche Frucht. An Tagelöhnern war kein Mangel, aber wo sollte das Geld für ihre Bezahlung herkommen?

„Vielleicht findet unser Bürgermeister außer Kies auch noch eine Goldgrube", spotteten die Vorsteher, „dann kann er diese neumodischen Straßen wenigstens bezahlen."

„Ihr müsst weiterdenken", mahnte Raiffeisen. „Wenn erst einmal gute Straßen da sind, werden diese selber zu Goldgruben für eure Gemeinden. Was ihr daheim erntet und erzeugt, findet dann leicht den Weg zum Käufer, und neues Geld fließt in die Gemeinden."

Er stöberte in alten Papieren und Büchern, machte Steuerschulden an die Gemeinde ausfindig, die die Schuldner nun im Straßenbau abarbeiten mussten. In den Gemeindesatzungen fanden sich Verpflichtungen der Bürger für die Benutzung der Gemeindegründe, für Holzdienstbarkeiten aus den Gemeindewaldungen, deren Leistung allmählich eingestellt und vergessen worden war. In solchen Fällen forderte der Bürgermeister Geldablösung oder Arbeitsleistung.

„Dadurch schafft Ihr Euch keine Freunde", warnte der Vorsteher von Weyerbusch, der früher selbst vergeblich versucht hatte, diese Ertragsquelle für die kleinen Gemeinden anzuzapfen.

„Wir müssen die Leute durch Leistung überzeugen, und durch die Einkünfte, die wir ihnen auf längere

Sicht erschließen", sagte Raiffeisen. „Wenn es um das gemeinsame Wohl geht, darf keiner nur an sich selber denken." Gemeinsames Wohl – Nicht an sich allein denken – Auf längere Sicht –, das waren neue Klänge für die Leute von Weyerbusch. Raiffeisen wollte nicht anordnen, er wollte überzeugen. Nur aus Einsicht konnte eine fruchtbare Zusammenarbeit wachsen.

Seine Energie schien unerschöpflich. Die Erwartung eines bestimmten Briefes war ihm zur Kraftquelle geworden.

Nach einer knappen Woche hielt er die Antwort aus Remagen in der Hand.

„Sehr geschätzter Herr Raiffeisen!" schrieb das Fräulein. „Ihr Brief hat mich in ein freudiges Staunen versetzt. Während ich Sie noch immer als Sekretär eines Verwaltungsamtes in Mayen wähnte, schaffen Sie als Bürgermeister an großen, selbstständigen Aufgaben! Es ist doch immer so, dass ein Mensch, der nach Großem, Bedeutendem strebt, sich damit auch in den Stand setzt, dass er solches erreicht. Sie selber sind ja der unwiderleglichste Beweis dafür. Wenn ich an Ihre Zukunft denke; sehe ich Sie noch vieles durchführen, wenn Sie es einmal als notwendig und gut erkannt haben.

Sie fragen mich aber um einen Rat, wie Sie Ihre Wohnung am glücklichsten einrichten sollen. Hierin bin ich freilich selber noch unerfahren. Ich trage wohl viele Vorstellungen und Wünsche darüber in mir, wie ein Heim beschaffen sein soll, das einem Mann, der draußen in der Welt schafft, behagliche Rast, Frieden und den Schwung für neue Entschlüsse bringen könnte – aber ob diese auch zutreffen oder gar die Ihren werden könnten, das wage ich nicht zu hoffen. Ich habe darüber auch mit meinen Eltern gesprochen, und diese meinten, es wäre wohl am klügsten, wenn Sie dazu selbst an den Rhein herab kämen. Dann ließe sich manches mit wenigen Worten aussprechen, was sonst lange Briefe erforderte. Und im Übrigen wären Sie auch sonst herzlich zu uns eingeladen!

Schreiben Sie uns also, an welchem Tag Sie kommen können; wir werden Sie in unserem Hause mit Freude empfangen!"

Der Brief schloss mit einem hochachtungsvollen Gruß von der ganzen Familie und dem Namenszug:

„Ihre Emilie Storck".

„Mit Freuden empfangen!" Diese Worte behielt er, ließ sie in seinem Herzen aufblühen. Nun schämte er sich fast, dass er die Einrichtungsprobleme vorgeschützt hatte. Aber Emilie hatte ihn – auch diesmal – verstanden.

Er dachte nicht daran, ein paar Tage verstreichen zu lassen, wie es wahrscheinlich die Sitte war. Sofort setzte er sich hin und schrieb einen zweiten Brief. Wenn Emilie ihn wirklich lieb hatte, sollte sie keinen Tag länger als notwendig auf seine Antwort warten.

Der frühestmögliche Termin für einen Besuch in Remagen war der kommende Samstag. Wenn er am Mittag die schnelle Wagenpost über Neustadt nach Linz am Rhein erreichte, konnte er hoffen, noch früh genug am Abend in Remagen zu sein.

Vorfreude klang in seiner Stimme mit, als er den Pfarrersleuten seine Reise ankündigte. „Die alten Freunde locken wieder“, sagte der Pfarrer lächelnd. „Ich sags ja, unsere Einsamkeit ist nichts für einen jungen Mann.“

Lisbeth blickte auf ihre Hände, die vergessen hatten, den Löffel zu Munde zu führen. Raiffeisen spürte ihre Traurigkeit. Seit dem Tage nach seiner Rückkehr aus Hamm hatte er alles vermieden, was als Annäherung hätte ausgelegt werden können. Das Mädchen wusste jetzt, dass seine Träume nicht Wirklichkeit werden konnten. Die Mutter hatte ihr einen größeren Teil der Hausarbeit übertragen. Sie ist jung – sie wird darüber hinwegkommen, dachte Raiffeisen. Er war der letzte, der ihr dabei helfen konnte. Den Brief aus Remagen fühlte er warm auf seiner Brust. Er brauchte ihn nicht mehr zu lesen, er kannte ihn auswendig, nicht nur die geschriebenen Worte, sondern auch das, was an Gedanken und Gefühlen hinter ihnen stand.

Manches hatte sich geändert seit seiner Schneewanderung von Altenkirchen herauf. Ein Stück Arbeit war geschafft, eine Hoffnung erschlossen. Einiges von dem, was er in diesen drei Monaten angefangen hatte, war bereits sichtbar und wirksam geworden. Er fühlte sich wohl in seiner Haut als Bürgermeister in Weyerbusch. Ein guter Anfang, dachte er, als er die Tür des Bürgermeisteramtes hinter sich schloss und mit raschen Schritten zur Poststation eilte.

Die Wagenpost brachte ihn über Flammersfeld und Neustadt hinab an den Rhein. Als er im Boot über den Strom fuhr, glänzte schon Abendsonne auf dem Wasser. Sein erster Weg führte zum Gasthof, wo er ein Zimmer für die Nacht bestellte. Dann stand er mit klopfendem Herzen vor der Tür des Apothekerhauses. Die Herzlichkeit des Empfangs half ihm über die Befangenheit hinweg, aber als Emilie ihm freundlich die Hand entgegenstreckte, überfiel sie ihn aufs Neue. Beide wussten: Dies war kein Besuch wie vor Jahren, da er sich mit fröhlichen Freunden im Apothekerhause traf. Die unausgesprochene Absicht dieses Besuches belud jedes Wort, jede Geste mit Bedeutung. Wie gut, dass gleich der Gesprächsstoff zur Hand war – die Wohnungseinrichtung. Die Eltern hatten seinen Brief an Emilie gelesen – „Sie nehmen's doch nicht übel, Herr Raiffeisen?" Nun verbreitete er sich in aller Sachlichkeit über Größe und Lage der Räume, erläuterte Skizzen, referierte über Fußböden, Fenster und Türen.

„Das reicht ja für eine ganze Familie", wunderte sich der Apotheker, „und nun wollen Sie es einrichten, um ganz allein darin zu hausen?"

Röte stieg in Emilies Wangen. Die Mutter rügt den ahnungslosen Gatten: „Wer wird denn gleich so indiskret fragen?"

„Ich will nicht für immer allein im Hause bleiben", sagte Raiffeisen, „aber zunächst muss es bewohnbar sein, dann kann man weitersehen. „Am liebsten hätte er schon jetzt, in diesem Augenblick der Befangenheit, um Emilies Hand angehalten, aber es war wohl nicht schicklich, am ersten Abend schon mit der Tür ins Haus zu fallen. Also zurück zur Sache, zur Wohnung. Wie gut, dass es die praktischen Sorgen gab!

Am Ende wurde beschlossen, die Möbel in einer guten Schreinerwerkstatt in Altenkirchen anfertigen zu lassen. Vorher sollte der Tischlermeister von Remagen zurate gezogen werden, schon morgen früh, denn mittags musste der Gast bereits aufbrechen, um abends in Weyerbusch zu sein.

Bis spät saß die Familie beim Rheinwein zusammen. Was jetzt alle wussten, aber noch nicht aussprachen, verlieh dem Gespräch familiäre Wärme und Herzlichkeit. Beim Heimweg zum Gasthaus wusste Raiffeisen, dass er recht getan hatte, den Brief zu schreiben.

Und Emilie? dachte er. Weiß sie es auch?

Am nächsten Morgen gingen die beiden jungen Leute zum Tischler, der seine Ratschläge nicht ohne verstohlenes Zwinkern erteilte. Sein nachgerufenes „Und viel Glück!" überhörten sie geflissentlich. In stiller Übereinkunft dehnten sie den Heimweg zu einem Spaziergang rund um den Ort. Nun war nicht mehr lange die Rede von der Wohnungseinrichtung. Auch die Erfahrungen in Weyerbusch und die Kommentare über das strahlende Frühsommerwetter waren bald erschöpft. Schweigend gingen sie unter dem Trillern der Lerchen, bis Raiffeisen sich ein Herz fasste.

„Sie wissen, warum ich gekommen bin, Fräulein Emilie." Sie wusste es. Sie sagte es ihm, indem sie wortlos den Kopf senkte.

„Ich bin gekommen, um dich zu gewinnen, Emilie. Seit zwei Jahren liebe ich dich, seit wir deinen 17. Geburtstag feierten."

„Ich habe es gewusst", sagte das Mädchen.

Und nun hatten sie sich auf einmal so viel zu sagen, dass auch der Umweg noch zu kurz wurde. Vor der

Haustür wandten sie sich um und machten noch einmal die Runde.

Erst wenn das Heim fertig eingerichtet war, wollte Raiffeisen offiziell bei den Eltern um Emilies Hand anhalten. So verabredeten sie es, und bereits in diesem Herbst sollte die Hochzeit sein, bat Raiffeisen. Er brauchte Klarheit, ein festes Ziel, nach dem er sein Leben ein- und ausrichten konnte.

Mit einer warmen Gewissheit im Herzen kehrte er in der Nacht nach Weyerbusch zurück. Und von nun an gingen die Briefe hin und her, Briefe voll Vertrauen und Vorfreude.

„Das Krähen wie ein Hahn und die Bocksprünge, wie wir es als Jungen getan haben, hören immer mehr auf", schrieb Raiffeisen. „Jetzt bekomme ich aber wieder zuweilen Lust dazu. Und wenn ich nicht hier Bürgermeister wäre, ich glaube, ich krähte jetzt sehr oft. Wenn ich aber manchmal aus meinem Bezirk hinauskomme, geniere ich mich gar nicht und bin wieder der alte ‚Miles' wie zu den Zeiten der ‚Euterpia'."

Bald danach rollte der Wagen mit den Möbeln durch die Dorfstraße von Weyerbusch. Es wurde ausgeladen, eingerichtet, so wie sie es schon lange gemeinsam geplant und gezeichnet hatten. In den knappen Arbeitspausen ging Raiffeisen durch die Räume und malte sich aus, wie es sein würde – das Leben zu zweit, die Mahlzeiten, die Gespräche am Abend – vielleicht Kinder … Es drängte ihn, die neuen, noch unpersönlichen Dinge zum Leben zu erwecken. Höchste Zeit, dass eine Frau die letzte Hand anlegte: Gardinen aufhängte, Teppiche legte, Vorräte in die Speisekammer räumte und Blumen in die leeren Vasen stellte.

Die Eltern wussten bereits Bescheid, hatte Emilie geschrieben. Nun fehlte nur noch der Antrag, Jawort und Segen. Die Braut war noch nicht volljährig.

Beim nächsten Besuch war die Herzlichkeit des Empfangs von einer gewissen Feierlichkeit durchdrungen. Raiffeisen, im dunklen Anzug, fühlte sich bedrängt, griff immer wieder in den Kragen, um sich Platz zum Atmen zu schaffen. Was die Mutter wohl sagen würde, wenn sie ihn so sehen könnte: den Bürgermeister auf Freiersfüßen, in der Hand einen gewaltigen Rosenstrauß für die zukünftigen Schwiegereltern … „und so bitte ich Sie heute um die Hand Ihrer Tochter Emilie!" „Ja, wenn es nur die Hand wäre", sagte der Apotheker wehmütig, „Sie nehmen uns aber die ganze Emilie fort, lieber Herr Raiffeisen."

„Eine Tochter heiratet nie ganz aus der Familie heraus", belehrte ihn die Mutter. „Der Bräutigam heiratet in die Familie der Braut hinein, so ist das nun mal!"

Natürlich hatte sich der Vater längst nach dem Schwiegersohn in spe erkundigt und durch eine hochstehende Mittelsperson bei der königlichen Regierung in Koblenz erfahren, dass Raiffeisen ein sehr geschätzter Beamter mit guten Aufstiegsmöglichkeiten sei. Diese Auskunft war dazu angetan, seine Wehmut zu dämpfen, und beim Mittagessen stellte sich heraus, dass das Verlobungsmahl bereits arrangiert war.

Als nächster Schritt wurde ein Besuch der Eltern mit Tochter in Weyerbusch verabredet. Schließlich wollte man genau wissen, in welche Wildnis das Schicksal sie verschlagen würde. Indessen wurde gekauft, genäht, Aussteuer vorbereitet, sodass wenig Zeit blieb, außer für Briefe.

Das neue Schulhaus in Weyerbusch war unter Dach. Gerade rechtzeitig, um den Schwiegereltern das erste gelungene Werk vorzuführen. Im Herbst sollte die Einweihung stattfinden.

Raiffeisen war inzwischen in die neue Dienstwohnung gezogen. Die Arbeit in der Amtsstube begann er manchmal schon um fünf Uhr in der Frühe. Um diese Stunde, am 24. Juni, schrieb er an seine Braut:

„Meine liebe, teure Emilie!

Du, meine liebe Braut, liegst jetzt jedenfalls noch bis über die Ohren unter der warmen Decke (denn es ist kalt heute morgen), während ich in der Amtsstube hier an meinem Schreibtisch sitze, schreibe, rauche und Wasser trinke. Mein Tagewerk beginnt jeden Morgen so: Aller Anfang mit Gott! Wenn ich mich an ihn gewendet habe, dann bin ich bei Dir als dem Teuersten, was ich auf Erden besitze. Es wird in meiner Seele ruhig und friedlich, und ich kann klar zum Herrn droben schauen, weil ich überzeugt bin: Er is mit uns, segnet uns und wird uns beschützen. Mit ihm wollen wir alles anfangen und vollenden, dann geht es gewiss gut!

Diese Tage, seit Du in meiner Vorstellung immer um mich bist, mich gleichsam berätst, mahnst und tröstest, haben mich erst gelehrt, wie viel Segen aus einem guten Sinn fließen kann. Ein Ding ums andere gerät mir gut: Das Haus des Tagelöhners Berghoff konnte unterfangen und gestützt werden, damit die Familie ihr ärmliches und doch so geliebtes Heim nicht zu verlassen braucht. Pfarrer Schmidtborn hat ein 7-jähriges Waisenkind, ein mageres verschüchtertes Mädchen, ganz in sein Haus aufgenommen, als ich von dessen schwerem Leben von ungefähr erfuhr und der Sache nachging. Die kleine Ursula kannte keinen Vater; die Mutter, eine ältere Dienstmagd, ist vor zwei Jahren unter recht dunklen Umständen gestorben. Seither ist das Kind immer für eine Woche oder etwas länger in den Dörfern draußen von Haus zu Haus gereicht worden. Keiner wollte das Kind von der Tür weisen, aber auch keiner ihm seine Liebe schenken. Jetzt wird es eine Heimat finden. Auch das Schulhaus nimmt immer schönere Gestalt an. Eine saubere, gesunde Schulstube macht nicht nur das Lernen leichter und froher, sondern es wird den jungen Menschen ein Ansporn werden, auch daheim die Sonne in die Stube einzulassen.

Siehst Du nun, meine liebe Braut, wie schon jetzt ein Schimmer von Deiner Gegenwart auf allen meinen Unternehmungen liegt. Ich stehe erst am Anfang, und viel mehr ist noch zu tun. Aber wenn Du einmal bei mir sein wirst, werde ich mit viel größerem Mut allem Übel unter dem Bauernvolk, deren größtes seine schier untragbare Armut ist, entgegentreten können. Für welchen Tag meldest Du mit Deinen lieben Eltern Euren Besuch an? Zögert nicht zu lange!

Alle Wünsche und gute Empfehlungen!"

Drei Wochen später machte sich die Familie auf den Weg nach Weyerbusch. Es hatte lange geregnet, und auch an diesem Wochenende war es trotz blassen Sonnenscheins kühl wie im frühen Frühjahr. Es war ein schlechtes Jahr für die Landwirtschaft. Noch im Juni hatten sich Schneeflocken in den Regen gemischt. Die Kartoffelstauden faulten, ehe sie zum Keimen kamen. Roggen und Gerste gelangten nicht zur Blüte.

Schon am Samstag war die Familie nach Altenkirchen gefahren und hatte dort im Gasthof übernachtet. Als sie am frühen Sonntagvormittag weiterfuhren, hing dicker Nebel in den Tälern. Aufwärts schaukelte die Kutsche im kalten undurchsichtigen Dunst, bis sie ihn endlich unter sich ließ, und nun sahen sie Weyerbusch im Sonnenschein auf der Höhe liegen.

„Eine Insel des Friedens!" fand der Apotheker, aber seine Frau blickte genauer hin. Sie sah die versumpften Wiesen, die kümmerlichen Häuser, sah auch den scheuen, abweisenden Blick der Menschen am Wege. Die Dolden der Ebereschen, die die Straße säumten, waren hier oben immer noch grün, und wenn sie das Fenster der Kutsche öffneten, fuhr ein kühler Wind ins Innere. Schweigsam nahm die sonst so lebhafte Dame die Begrüßung im Bürgermeisterhaus entgegen, und beim Besuch der Lehrerfamilie im alten Schulhaus ließ sie ihre Augen aufmerksam in die Runde gehen. Langsam begriff sie etwas von dem, was der Schwiegersohn sich vorgenommen hatte. Sie begriff auch die Härte eines Lebens, wie es die Lehrersfrau mit ihren fünf Kindern führen musste, und bewunderte, wie sie es dennoch schaffte, wie sie sich trotz eigener Bedrängnis als Mutter aller armen und kränklichen Schulkinder fühlte. Würde ihre Tochter solchen Aufgaben gewachsen sein?

„Halte dich an solche Frauen, wenn du erst in Weyerbusch bist", riet sie Emilie, „in ihnen schlägt das gute Herz des Volkes."

Das Mädchen schien die Bedeutung dieser Worte kaum aufzunehmen. Die Umgebung bedrängte sie. Von Remagen aus, bei den Einkäufen und Vorbereitungen, hatte alles so heiter, so einfach ausgesehen: ein Mann, den man liebt; eine neue Wohnung; ein gemeinsames Leben. Sollte das Glück noch eine andere Seite haben, einen strengen, fordernden Anspruch?

Emilie wirkte sehr jung in dieser Umgebung, ein wenig ratlos, fast wie ein Kind. „Sie ist erst achtzehn“, dachte die Mutter, und drückte sie fest an sich.

Der Abschied von Weyerbusch fiel etwas beklommen aus. Der Bräutigam begleitete die Familie bis nach Altenkirchen zum Gasthof, wo noch einmal übernachtet werden sollte.

„Wenn du wiederkommst, wirst du meine Frau sein“, sagte der Bräutigam leise, als sie sich abseits von den anderen verabschiedeten. Sie stand in der erleuchteten Gasthaustür, als er sich im Dunkeln auf den Weg nach Weyerbusch machte.

Dieser Sommer 1845 brachte dem Westerwald eine schlechte Ernte. Der Roggen verfaulte am Halm. Der Hafer wuchs kaum kniehoch. Die Kartoffeln im Boden wurden nicht größer als Nüsse.

Der Bürgermeister berichtete darüber ans Landratsamt und an die Regierung in Koblenz. Er regte an, schon jetzt Getreide in günstigeren Gebieten einzukaufen, um die Bevölkerung ohne Hunger über den Winter zu bringen.

Der Bericht wurde zur Kenntnis genommen und dazu vermerkt, die Ernte sei auch anderswo schlecht ausgefallen. Die Gemeinden müssten im Wesentlichen zusehen, wie sie selbst zurechtkämen. Das war ein wenig befriedigender Bescheid, kein Ja, kein Nein. Raiffeisen riet den versammelten Ortsvorstehern, beim Drusch in diesem Herbst besonders sparsam zu verfahren. Keinesfalls sollte Abfallgetreide an die Tiere verfüttert werden. Auf den Stoppeln der Kornfelder sollten sofort wieder Buchweizen und Herbstrüben angebaut werden.

An einem Sonntag Anfang August berichtete er seiner Braut:

„… ich hatte bereits ein kostbares Geschenk für Dich bestellt, eine goldene Uhr mit einer goldenen Kette. Da ich jedoch solche Goldsachen als überflüssigen Luxus betrachte und Du, wie ich an Dir bei Deinem Besuch merkte, auch nichts darauf hältst, habe ich diese Sachen wieder abbestellt und bei der Auswahl der Geschenke mehr auf die Nützlichkeiten gesehen. Was es geworden ist, darf ich heute noch verschweigen, aber was mir übrig blieb, reichte doch dazu aus, dass die vier kleinen Kinder des Bauern Antjes Weikelt, der durch Wucherer um Haus und Gut gekommen war, von unserem Schuhmacher gute Stiefel für den Winter erhielten. Woher die Zahlung dafür kam, das musste mir der Schuster in die Hand versprechen, es zu verschweigen …"

Seit das neue Schulhaus unter Dach war, kamen auch diejenigen, die früher gezögert hatten, immer bereitwilliger zur unbezahlten Tagesschicht. Für das Essen zahlte die Gemeindekasse, Werkzeug und Gerät brachten die Bauern selbst mit. Mit den Fortschritten des Baus wuchs der Stolz auf das gemeinsame Werk. Jeder wollte nun seinen Teil dazu beitragen.

Ende August wurde die letzte Hand angelegt, und nun begannen die freudigen Vorbereitungen für das Einweihungsfest. Raiffeisen schrieb darüber in einem Brief vom 5. September 1845:

„... die ganze vergangene Woche hindurch war ich mit der gestern hier stattgehabten Festlichkeit beschäftigt gewesen. Unser neues Schulhaus wurde eingeweiht. Es ging alles herrlich, und der gestrige Tag war ein lohnender und glücklicher für mich.

Ich hatte den Landrat und die Bekannten aus der Umgebung eingeladen, die sich alle auch einfanden. Um vier Uhr nachmittags stand alles für das Fest bereit. Ich hatte eine große, sehr schöne Krone putzen lassen, die ich selber auch ausschmücken half. Musikanten eröffneten den Zug, der sich vor dem alten Schulhaus aufstellte, das am anderen Ende des Dorfes liegt. Hinter diesen reihten sich die Zimmerleute und Maurer, ihre Meister an der Spitze. Dahinter kam der Pfarrer und ich, dann meine Beigeordneten und vier Gemeinderäte. Hinter diesen wurde die geschmückte Krone von Mädchen aus der Schule getragen. Darauf folgten der Lehrer und die Frauen der Gemeinderäte mit den Schulknaben und Schulmädchen. Der ganze Festzug zählte etwa 170 Personen, die zu zweien nebeneinander gingen.

Als alles geordnet war, bewegte sich dieser Zug nach dem neuen Schulhause, gefolgt von vielen Hundert Menschen aus der ganzen Umgebung. Vor dem Schulhaus sangen die Kinder unter Begleitung der Musik das Lied ‚Nun danket alle Gott'. Der Pfarrer hielt eine Ansprache, in der er auch mir dankte. Ich nahm diesen Dank an, aber dehnte ihn auf alle aus, auf den

Landrat, die Dorfvorsteher und die Gemeindemitglieder, die so fleißig mitgearbeitet hatten. Nun, da das große Werk vollendet vor uns stand, war ich selber so gerührt, dass ich meine wenigen Worte kaum hervorbringen konnte. Ich dachte dabei an Dich, liebe Emilie, und ich war in diesem Augenblick gewiss einer der glücklichsten Menschen auf der Welt.

Nach mir trat ein Schulmädchen hervor und sprach ein kurzes Gedicht, in dem es im Namen der Schulkinder dankte und für alle versprach, im neuen Schulhaus recht fleißig zu sein. Den Zimmerleuten überreichten die Kinder einen Kranz; der Landrat, der Pfarrer und ich wie auch alle Zimmerleute und Maurer, erhielten ein Sträußchen an den Rock geheftet. Ich bekam noch dazu einen schönen großen Rosenstrauß mit vier Bändern, die über eine halbe Elle lang waren, sodass ich aussah wie ein Bräutigam. Allen Handwerkern wurde auch noch ein schmuckes Halstuch, eine Tabakpfeife mit Tabak überreicht. Die Zimmerleute zogen nun die Krone auf den Giebel der neuen Schule.

Der letzte Teil des Festes wurde lustig und heiter. Die Musik spielte dazu, und zum Schluss bildete sich noch einmal ein festlich geschmückter Zug. Die Musikanten bliesen einen fröhlichen Marsch. Vor meiner Wohnung stellten sie sich auf, bis die Gäste eingezogen waren. Dann zogen sie mit den Handwerkern weiter zu der Wirtschaft Bischoff, wo ein Ball stattfand.

Meine Gäste blieben bis nach neun Uhr abends bei mir. Wir waren alle außerordentlich heiter. Es wurde mir auch mein ganzer Weinvorrat ausgetrunken. Glücklich und zufrieden wie ein König legte ich mich um zehn Uhr zu Bett ..."

Am Tag der Verlobung war bestimmt worden, dass die Hochzeit an Emilies 19. Geburtstag stattfinden sollte. Am 22. September reiste Raiffeisen zum letzten Mal als Junggeselle nach Remagen, am 23. September trat er mit Emilie Storck vor den Altar. Wieder ein neuer Anfang …

Die Macht des Wucherers

„Kommst du zum Mittagessen zurück?" fragte die junge Frau und fügte nach einem besorgten Blick durch das Fenster hinzu: „Es regnet! Du musst was anziehen." Gehorsam schlüpfte der Bürgermeister in den Mantel, den sie ihm hinhielt, und knöpfte ihn bis zum Halse zu. „Straßenbesichtigung, wie üblich", sagte er. „Bis der Winter kommt, müssen wir im Straßenbau noch ein gutes Stück weiterkommen."

Als er die Hand auf die Klinke legte, schrillte die Glocke. Unmutsfalten wuchsen in seine Stirn und glätteten sich sogleich wieder, als er die Frau sah, die scheu zurücktrat, weil er die Tür öffnete.

„Entschuldigt die Störung, Herr Bürgermeister", sagte sie leise. „Wenn es nicht passt, komme ich ein anderes Mal wieder."

Das Gesicht unter dem verschlissenen Kopftuch war verhärmt und vorzeitig gealtert, der von Hand gewebte Wollrock vom vielen Waschen verfilzt und missfarbig. „Treten Sie ein, und nehmen Sie Platz!" Raiffeisen stieß die Tür zum Amtszimmer auf und wies auf einen Stuhl. Sie blieb auf der Schwelle stehen, während er den Mantel auszog und an den Haken hängte.

„Was führt Sie zu mir?" fragte er freundlich. Erst jetzt nahm sie den Stuhl, den er ihr anbot.

„Mein Name ist Amalie Penkhoff. Ich komme aus Ödenrath im oberen Westerwald. Mein Mann meinte, es hätte keinen Zweck, Euch aufzusuchen, aber nun bin ich doch gekommen."

Sie hielt inne und sah ihn erwartungsvoll an.

Raiffeisen dachte nach. Der Name Penkhoff kam ihm bekannt vor. Er griff einen Ordner aus dem Schrank und begann, in den abgehefteten Schriftstücken zu blättern.

„Sie sind doch die Frau des Bauern Michael Penkhoff vom Hof Ödenrath Nummer 28?" sagte er nach einer Weile. „Die Versteigerung Ihrer Liegenschaften soll am 10. Oktober stattfinden."

Die Frau nickte. Ihre Augen füllten sich mit Tränen. „Helft uns, Herr Bürgermeister", sagte sie. „Wir haben fünf kleine Kinder. Was soll aus ihnen werden, wenn wir von Haus und Hof müssen?"

Raiffeisen unterdrückte einen Seufzer. Er wusste, dass er hier nicht helfen konnte. Der Hof war verschuldet, und sicherlich befanden sich die Forderungen in der Hand eines Wucherers. Das Gericht würde Penkhoffs Besitz dem Meistbietenden zusprechen, daran war nicht zu rütteln.

Ich darf ihr nichts vormachen, dachte er, aber als er sie so elend vor sich sitzen sah, brachte er es nicht übers Herz, ihr die Wahrheit ins Gesicht zu sagen.

Er lehnte sich im Stuhl zurück und schlug die langen Beine übereinander. „Nun erzählen Sie mal, wie alles gekommen ist", sagte er.

Sie wischte sich mit dem Handrücken über die Augen und begann ihre Geschichte, eintönig wie eine

Litanei. Immer das Gleiche, dachte er, und kein Ausweg in Sicht, keine Handhabe, das unverschuldete Elend abzuwenden. Es hatte schon bei ihrer Hochzeit begonnen, vor zehn Jahren. Penkhoff sollte bei der Hofübernahme das Erbteil seiner drei Schwestern auszahlen. Weil kein Geld da war und er nicht zum Wucherer gehen wollte, verpfändete er ihnen drei seiner besten Felder. Die Schwestern gaben sich damit zufrieden. Für den Fall, dass sie das Geld dringend brauchten, war ausgemacht, dass sie die Pfänder zum Verkauf anbieten dürften.

Penkhoff hatte zu dieser Zeit nur drei eigene Kühe im Stall, er hielt aber auch Schafe und stellte einen Webstuhl auf. Wenn in der Landwirtschaft weniger zu tun war, wollte er zum Straßenbau ins Siegtal gehen. Das junge Paar hoffte, die Schuld in absehbarer Zeit zurückzahlen zu können, damit die Felder, die sie zur Fütterung der Kühe dringend brauchten, wieder zum Hof kämen.

Bald darauf heiratete eine der Schwestern und beklagte sich bei den Leuten, dass sie ihr Erbteil nicht ausgezahlt bekommen könne. Der Viehhändler Birnbaum erfuhr davon und begann, die Frau zu bearbeiten, sie solle ihm das Pfandrecht gegen Bargeld abtreten und ihre Schwestern sollten das Gleiche tun.

„Du musst mir aber versprechen, dass du die Felder nicht vorzeitig zum Verkauf anbietest", sagte die Schwester. „Mein Bruder braucht sie für die Landwirtschaft, und ich will ihm nicht schaden."

„Wie käme ich dazu", sagte Birnbaum, „ich will ja nur das Geld anlegen, das ich zufällig flüssig habe. Dein Bruder ist mir gut dafür, dass er es zurückzahlt, wenn er dazu imstande ist. Die üblichen Zinsen wird er wohl aufbringen können."

Schließlich willigten alle drei Schwestern in den Pfandverkauf ein und waren froh, dass sie auf diese Weise zu ihrem Erbteil kamen, ohne dem Bruder zu schaden.

An diesem Punkt der Erzählung hielt die Frau inne und kämpfte wieder mit den Tränen. Raiffeisen hatte Notizen auf ein Blatt geworfen, nun sah er auf und nickte ihr ermunternd zu.

„Eines Tages kam Birnbaum zu uns und wollte uns Vieh verkaufen", fuhr sie fort. „Er sagte: ‚Wenn ihr mehr Kühe im Stall habt, dann kriegt ihr mehr Butter und mehr Dünger für die Wiesen.' Mein Mann, der noch nichts vom Verkauf der Pfandrechte wusste, wollte nicht kaufen. ‚Jetzt habe ich kein Geld', sagte er, ‚vielleicht ein anderes Mal, wenn es mir besser geht'. ‚Ich will gar kein Geld dafür', sagte der Händler, ‚ich stelle dir meine Kuh in den Stall, und du bezahlst sie in einem Jahr, wenn du die Milch und ein Kalb verkauft hast'.

Als Michael immer noch nicht darauf eingehen wollte, rückte er mit dem Kauf der Pfandrechte heraus. ‚Du solltest dich gut mit mir stellen, Bauer', sagte er, ‚wenn du auf meinen Vorschlag eingehst, lasse ich das Pfandrecht ruhen. Ich kaufe die Kuh in einem Jahr wieder zurück, wenn du mir ein gutes Angebot machst.' Was blieb uns übrig? Wir stellten Birnbaums Kuh in den Stall. Der Preis war ziemlich hoch, 47 Taler. Offenbar hatte der Händler die Zinsen und den Erlös für Milch und Kalb dazugeschlagen, aber wenn

Michael nicht darauf eingegangen wäre, hätte er größeren Schaden gehabt."

Es klopfte an die Tür. Emilie steckte den Kopf hinein. „Das Essen ist gleich fertig", sagte sie, „wolltest du nicht nach den Straßen sehen?" Sie hielt inne, als sie die Resignation auf Frau Penkhoffs Gesicht sah. „Verzeih, ich stelle es warm, bis du Zeit hast", sagte sie und zog sich leise zurück.

„Ich halte Euch auf", sagte Frau Penkhoff. „Geht ruhig zum Essen, ich kann warten."

Raiffeisen winkte ab. „Jetzt will ich auch alles erfahren." Mit der geliehenen Kuh hatten die Penkhoffs kein Glück. Das Kalb ging ein, und nach einem Jahr gab sie keinen Tropfen Milch mehr. Sie wurde auch nicht mehr trächtig. Penkhoff bat den Händler, sie zurückzunehmen. Nach langem Hin und Her erklärte dieser sich bereit, bot aber nicht mehr als 20 Taler, und auch die wollte er nur zahlen, wenn der Bauer weitere zwei Stück Vieh in seinen Stall stellte, die er nicht einmal aussuchen durfte. Jedes sollte 49 Taler kosten. Als der Bauer auf den schlechten Handel nicht eingehen wollte, hielt Birnbaum ihm die Pfandpapiere unter die Nase. „Halt dich gut mit mir, Bauer", sagte er lachend.

Raiffeisen rechnete nach. Die ganze Schuld für die erste Kuh war jetzt mit den Pfandrechten fällig. Nun kamen nochmals 98 Taler hinzu, wieder zahlbar nach einem Jahr. Das machte mit den Pfandrechten zu je 70 Talern schon 362 Taler ohne Zinsen aus. Der Zinssatz war noch nicht festgelegt, aber sicherlich nahm der Händler nicht weniger als 50 Prozent im Jahr.

„Ihr könnt Euch schon denken, wie es weitergeht", sagte die Frau müde. „Nach dem zweiten Jahr hatten wir mit größter Mühe 50 Taler zusammengespart. Michael ging mit dem Geld zum Händler und bat ihn, die beiden letzten Kühe wieder zurückzunehmen. Er sei bereit, die Zinsen für ihren Wert von 98 Talern zu bezahlen. Birnbaum bekam einen Wutanfall. ‚Wenn du frech wirst, fliegst du raus, Bauer!' schrie er. ‚Was du mir bringst, sind kaum die Zinsen für alles, was du mir schuldig bist, Sieh zu, dass du die Kühe an jemand anderen verkaufst.'

Aber wie sollte Michael die Kühe verkaufen? Kein Händler wollte Birnbaum in die Quere kommen.

Nun drehte der Wucherer den Spieß um und forderte alles Geld auf einmal. Am Ende nahm er dann eine Kuh um den halben Preis zurück. Das Geld verrechnete er mit der Zinsschuld, sodass wir keinen Pfennig Bargeld zu sehen bekamen. Außerdem mussten wir eine vierte Kuh in den Stall stellen, die kaum 20 Taler wert war. Im vierten Jahr brach im Stall eine Seuche aus, und wir verloren vier Kühe, deren Fleisch wir verscharren mussten. Aus den Häuten ließen wir Schuhe für uns und die Kinder machen. Das war alles, was dabei heraussprang.

Ohne lange zu fragen, stellte uns Birnbaum drei neue Kühe auf Borg in den Stall. Den Preis setzte er eigenmächtig fest. Wir wussten schon gar nicht mehr, wie hoch unsere Schuld eigentlich war. Wenn wir ihm ein paar mühsam zusammengesparte Taler brachten, rechnete er in seinem großen Buch nach und sagte, es handle sich zwar nur um einen Zinsrückstand, aber er wolle das Geld annehmen und von unserer Schuld abstreichen.

„Wieder hielt sie inne. Der Blick ihrer Augen war stumpf geworden. Zahlen und Jahre verwirrten sich in ihrer Erinnerung. Raiffeisen ersparte ihr die Fortsetzung. Er wusste Bescheid.

„Wie hoch ist jetzt die Schuld?" fragte er.

„Wir sind auf 1350 Taler eingeklagt", sagte Frau Penkhoff. „Die Aufstellung bleibt beim Gericht. Birnbaum behauptet, seine Buchführung sei exakt und einwandfrei.

„Raiffeisen hatte Mühe, seinen Zorn zu verbergen. Machtlos stand er einem offensichtlichen Verbrechen gegenüber. Er sprang auf und trat ans Fenster. Die Buchenwälder hinter Weyerbusch färbten sich herbstlich bunt. Der Rauch der Kartoffelfeuer zog über die Felder. Dicht vor dem Fenster plumpste ein Apfel ins Gras. Das Bild ländlichen Friedens konnte ihn nicht besänftigen, machte ihn eher noch zorniger, weil es log, weil der Frieden nur für solche galt, die nichts wussten, nichts begriffen.

Hinter seinem Rücken war die Frau aufgestanden. Sie schluckte die Tränen hinunter. „Ich weiß, Ihr könnt uns auch nicht helfen. Danke, dass Ihr mir zugehört habt." Mit gequälter Miene schüttelte Raiffeisen den Kopf. „Haben Sie nichts Schriftliches in Händen, etwa, dass die Pfandrechte der Schwestern nicht eingefordert werden dürfen?" fragte er.

„Damals fanden wir das nicht notwendig", sagte sie. „Wort und Handschlag haben bei uns von jeher mehr gegolten als Schriftliches. Wenn irgendjemand aus der Gegend uns Geld geliehen hätte, dann hätten wir die Pfandrechte längst eingelöst und dafür das Haus belastet. Aber wir haben niemanden gefunden.

Mein Mann hat sein ganzes Leben lang geschuftet, nun kann er sich nicht mal mehr den Tabak für seine Pfeife kaufen."

Raiffeisen biss sich auf die Lippen. „Zehn Jahre habt ihr nur für diesen Birnbaum gearbeitet", sagte er bitter. Sie blickten zu Boden und schwiegen, dann fragte die Frau: „Kann ich jetzt gehen?"

Er zögerte mit der Antwort, dann sagte er plötzlich: „Ich gehe mit Ihnen, Frau Penkhoff."

Im Flur trat ihnen Emilie in den Weg. „Willst du denn gar nicht essen?" fragte sie und fügte mit einem Blick auf die Frau hinzu: „Essen Sie mit uns, ich habe schon für Sie gedeckt."

Wie ein Häuflein Elend saß Frau Penkhoff in dem neu eingerichteten Esszimmer am Tisch. Die Atmosphäre von Neuanfang und Hoffnung tat ihr weh. Nur mit Mühe brachte sie ein paar Bissen hinunter. Es drängte sie, zu ihrem Mann zurückzukehren.

„Er ist so verzweifelt", sagte sie, als sie neben dem Bürgermeister die Dorfstraße hinunterging, „ich werde die Angst nicht los, dass er eine Dummheit macht." Sie beschleunigten ihre Schritte und schwiegen, jeder in seine Gedanken versunken.

Der Weiler Ödenrath gehörte zur Ortsgemeinde Hilgenroth. Als sie aus dem Föhrenwald hinter Hilgenroth ins Freie traten, lag das hüglige Land gegen Süden hin in herbstlichem Dunst. Rot und golden flammten die Laubwälder. Ein Bauer führte den Holzpflug über den schwarzen Acker. Er blickte nicht auf, als sie vorübergingen. Raiffeisen, der Wanderer und Naturfreund, fand keine Entspannung bei diesem Anblick. Die Kunst, nur Oberflächen zu sehen, war ihm längst abhandengekommen. Er wusste zu viel. Er war kein Tourist, kein schwärmender Städter. Er sah das Übel an der Wurzel fressen. Der Mensch, dachte er, menschliche Gier, menschliche Dummheit verpesten Gottes Welt!

Auf dem Hof Ödenrath Nummer 28 wurde nicht mehr gearbeitet. Auf der Wiese vor dem Haus spielten die Kinder. Der Bauer saß in der Stube am Tisch. Er hatte den Kopf in die Hände gestützt und schaukelte mit dem Fuß die Wiege des jüngsten Kindes. Erst als die Tür ging, blickte er auf.

„Ich habe Euch bei der Schuleinweihung in Weyerbusch gesehen, Herr Bürgermeister. Ihr habt vieles fertiggebracht, aber uns könnt Ihr gewiss nicht helfen."

Raiffeisen konnte darauf nichts erwidern. Warum war er nach Ödenrath gekommen? Die Akten lagen bei Gericht. Niemand auf der Welt konnte die Rechtmäßigkeit des Verfahrens anfechten. Die Abmachungen waren in gegenseitigem Einverständnis geschehen, so hieß es, und so war es auch, vom Standpunkt des Gläubigers aus gesehen. Und das Gericht würde den Standpunkt des Gläubigers einnehmen, einnehmen müssen. Es gab keine Gesetze zum Schutz vor Wucher. Wer Geld hatte und sich geschickt absicherte, hatte das Recht auf seiner Seite. Wenn der Schuldner zahlungsunfähig geworden war, musste eben gerichtlich versteigert werden.

Während der Bauer ihn durch das Anwesen führte und ihm alles zeigte, was ihm praktisch schon nicht mehr gehörte, dachte Raiffeisen fieberhaft nach, suchte Auswege, Gründe für einen Aufschub. Die Zeit drängte. Es musste ihm etwas einfallen.

Penkhoff hatte sich in Wut geredet. „Ich zünde das Haus an allen vier Ecken an", schrie er. „Soll doch alles in Flammen aufgehen. Der Schuft soll jedenfalls nichts davon haben."

„Das würde dich nur ins Gefängnis bringen", sagte Raiffeisen. „Denk an deine Familie. Mit Gewalt kommst du nicht durch."

„Wenn sie mich nur hierbleiben ließen", sagte der Bauer. „Ich will ja alles ableisten, aber bleiben sollen sie mich lassen. Ich will hier nicht weg."

Danach sprachen sie nicht mehr, bis sie wieder vor der Haustür standen. Raiffeisen reichte Penkhoff die Hand. Er suchte nach einem ermutigenden Wort. „Ich gehe nach Hilgenroth und spreche mit Birnbaum", sagte er, „und wenn es nicht klappt, werde ich mich um Obdach und Arbeit kümmern."

Ein Hoffnungsschimmer stahl sich in Penkhoffs Blick. Sie glauben immer noch an Wunder, dachte Raiffeisen bedrückt. Aber ich bin kein Wundertäter. Jetzt hätte er etwas darum gegeben, wenn er geschwiegen hätte. Aber es war zu spät. Sie sahen ihm nach, bis eine Wegbiegung ihn ihren Blicken entzog.

Schweren Herzens wanderte er die Straße nach Hilgenroth zurück. Wie unrealistisch war das geltende Recht, wenn ein Mann wie Birnbaum, der von allen verachtet und gemieden war, im Schutz der Gesetze seine schmutzigen Geschäfte treiben konnte. Das Unrecht war offenbar, dennoch gab es keine Handhabe. Wenn er jetzt Birnbaum gegenüberstand, konnte er nicht fordern, nur bitten. Er bat nicht gern. Rasch, mit abwesender Miene, ging er die Dorfstraße entlang. Das Haus des Händlers, das zweite neben der Kirche, war durch ein Schild gekennzeichnet. Birnbaum handelte nicht nur mit Vieh, sondern auch mit Grundstücken, Häusern, Kartoffeln, Brot, kurz mit allem, was Gewinn brachte. Die Tür war verschlossen. Auf das Klingelzeichen öffnete ein fetter, krummer Mann in den Fünfzigern, der ihn misstrauisch musterte.

„Was wünschen Sie?"

„Ich bin der Bürgermeister Raiffeisen aus Weyerbusch und möchte mit Ihnen reden."

Birnbaum gab die Schwelle frei und verbeugte sich tief. „Verzeihen Sie, dass ich Sie nicht gleich erkannt habe, Herr Bürgermeister. Meine Augen lassen nach. Bitte treten Sie ein. Es ist mir eine Ehre."

Wortlos folgte ihm Raiffeisen über eine enge Stiege in einen Raum mit zugezogenen Vorhängen. Als seine Augen sich an die Dämmerung gewöhnt hatten, bemerkte er, dass die Tür, die Birnbaum hinter sich geschlossen hatte, nicht ohne Schlüssel von innen zu öffnen war.

Birnbaum entzündete die Lampe und wies auf einen schäbigen Sessel. Aus dem Wandschrank holte er eine Flasche und schenkte zwei Gläschen Branntwein ein. „Auf Ihr Wohl, Herr Bürgermeister!"

Raiffeisen übersah das Glas und kam sofort zur Sache. „Ich komme wegen des Bauern Penkhoff, dessen Hof morgen versteigert werden soll."

Birnbaum legte sein fettes Gesicht in bekümmerte Falten. „Der arme Mann!" sagte er. „Ich habe ihm viele Jahre in seinem Elend beigestanden, aber wenn ein Bauer seinen Hof schon mit Schulden übernehmen muss, ist ihm meist nicht mehr zu helfen. Ich war einfach zu gutmütig, das zahlt sich nicht aus."

„So viel ich weiß, gab es bei der Übernahme keine Schulden", unterbrach Raiffeisen. „Es gab nur das Pfandrecht auf einige Felder."

Birnbaum zuckte die Achseln. „Das kommt wohl auf das Gleiche hinaus."

„Beim Erwerb der Pfandrechte haben Sie Ihr Wort gegeben, sie nicht einzufordern."

„Was wollen Sie damit sagen", fuhr Birnbaum auf. „Ich habe die Pfandrechte bis heute nicht eingefordert. Der Antrag auf Versteigerung stützt sich auf ganz andere, nicht zeitig bezahlte Schulden."

„So?" Raiffeisen stand auf. Seine hohe dunkle Gestalt unter der niedrigen Decke hatte etwas Drohendes. „Sie haben diese Pfandrechte von Anfang an und all die Jahre hindurch als Druckmittel benutzt. Das ist Erpressung – ein kriminelles Delikt."

Auch Birnbaum hatte sich erhoben. Schwer atmend stützte er sich auf den Tisch, aber seine Stimme war ruhig und kalt.

„Seien Sie vorsichtig, Herr Bürgermeister. Diese Behauptung reicht aus, Sie wegen Ehrbeleidigung zu verklagen."

„Dazu müsste ich sie vor Zeugen ausgesprochen haben", parierte Raiffeisen. „Hier, unter vier Augen, kann ich Ihnen noch ganz andere Dinge sagen."

„Sie wollen also das Gastrecht zu Beschimpfungen missbrauchen? Da mache ich nicht mit."

Der dicke Mann ging zur Tür und kramte in seiner Tasche nach dem Schlüssel.

„In diesem Fall zwingen Sie mich, meine Beschuldigungen öffentlich zu wiederholen", sagte Raiffeisen. „Das wird Ihnen kaum angenehm sein."

Birnbaum wandte sich um und maß seinen Gegner mit einem lauernden Blick. „Ich will keinen Prozess mit Ihnen, Herr Bürgermeister. Packen Sie ruhig aus."

Raiffeisen setzte sich wieder und sagte in sanfterem Ton: „Lassen Sie die Versteigerung aussetzen. Das ist ein Vorschlag oder, sagen wir, eine persönliche Bitte."

Birnbaum war zum Tisch zurückgekehrt und ließ sich ächzend im Sessel nieder. „Das müsste man überlegen", sagte er. „Wenn es eine Bürgschaft gäbe, könnte man darüber reden."

„Sie wissen, dass es keine Bürgschaft geben kann", sagte Raiffeisen. „Ich appelliere an Ihr Gewissen."

„Gewissen? Dafür kann ich mir nichts kaufen!" Ein lautloses Gelächter erschütterte die Fettmasse. „Ich gebe den Hof nur gegen Bürgschaft aus der Hand."

Raiffeisen wusste, dass er verloren hatte. Ohnmächtige Wut verschlug ihm die Stimme. „Sie sind ein Schurke, ein Wucherer, Sie ...", sagte er heiser.

Birnbaum griff nach der Tischklingel und läutete heftig. Die Tür sprang auf, und ein gewaltiger Kerl schob sich über die Schwelle.

„Maurus, führe den Herrn hinaus, er bedroht mich!" befahl Birnbaum und wandte sich ab.

Der Kerl packte Raiffeisen am Arm und schob ihn wortlos vor sich her. An der Haustür gab er ihm einen Stoß, dass er ein paar Schritte weit auf die Straße stolperte.

Oben ging ein Fenster auf. Birnbaum beugte sich hinaus. Seine Schultern zitterten vor Wut. „Mit dir werde ich schon fertig, Bürschchen, auch wenn du Bürgermeister bist. Mir kannst du nicht ins Handwerk pfuschen."

Plötzlich presste er beide Hände auf die Brust und wandte sich ins Zimmer zurück.

„Ich darf mich nicht aufregen", murmelte er, „Aufregung kann mein Tod sein."

Auf dem Weg nach Weyerbusch wich Raiffeisens Zorn einer tiefen Niedergeschlagenheit. Wieder einmal, wie in Kindheitstagen, hatte er eine schmähliche Niederlage erlitten. Wie konnte er nur so naiv sein zu glauben, er könne das Gewissen eines Mannes wie Birnbaum mit Worten erweichen? Ihm war, als brenne die Ohrfeige des Händlers König wieder auf seiner Wange. Diese Leute saßen sicher im Sattel. Sie verzichteten nur, wenn man sie dazu zwang. Wer es mit anderen Mitteln versuchte, musste Spott und Erniedrigung einstecken. Ich habe es nicht für mich getan, dachte er, und fühlte die vertrauensvollen Augen der Penkhoffs auf sich gerichtet. Plötzlich schmerzte die Beleidigung nicht mehr. Um des „Für andere" willen war Christus angespuckt worden. Er, Friedrich Wilhelm Raiffeisen, wollte zu seiner Gefolgschaft gehören. Wer bin ich, dass ich meine Ehre höher stelle, als er es tat? Er schritt kräftig aus und warf die hässliche Erfahrung hinter sich. Es gab Wichtigeres. Die Penkhoffs brauchten eine Unterkunft. Der Lehrer war bereits in die neue Schule übergesiedelt. Das Dachgeschoss des alten Schulhauses stand leer. Die Penkhoffs konnten sofort einziehen. Mit der Zeit würde sich auch Arbeit finden.

Gelöst, fast heiter, stieg er die Treppe zu seiner Wohnung empor.

„Hast du etwas ausrichten können?" fragte Emilie.

„Nicht für Penkhoffs, leider", sagte er. „In diesem Stadium ist nichts mehr zu machen. Wir müssen das Übel an der Wurzel packen. Eines Tages werde ich soweit sein. Auch vergebliche Taten können einen Sinn haben, wenn sie zu tieferer Einsicht führen."

Bei der Versteigerung in Ödenrath am nächsten Tag erschien unerwartet der Bürgermeister von Weyerbusch. Ein potenzieller Käufer hatte sich nicht eingefunden. Nur die Gerichtsbeamten und Birnbaum waren anwesend. Ein paar Nachbarn beobachteten den Vorgang aus sicherer Entfernung. Im Verlauf der Versteigerung traten sie näher: verkniffene Gesichter, schmale Augen, Flüstern von Mund zu Ohr.

Birnbaum verzog das Gesicht, als er Raiffeisen sah. Einen Augenblick lang fürchtete er, der Bürgermeister werde sich an der Versteigerung beteiligen, dann schob er den Gedanken von sich. Hätte er diese Möglichkeit gehabt, dann hätte er nicht so hilflos um Aussetzung gebettelt und von Gewissen gefaselt.

Die Herren vom Gericht nahmen an einem Tisch vor dem Haus Ödenrath Nummer 28 Platz. Der Amtsschreiber legte Papier zurecht, der Gerichtsbeamte sah auf die Uhr. Raiffeisen trat zu den Penkhoffs und berichtete mit gedämpfter Stimme von der Vergeblichkeit seines Besuchs. Bleich und schweigend hörte der Bauer zu. Seine Hände zitterten.

„Ich habe eine Wohnung für Sie", sagte Raiffeisen. „Arbeit wird sich auch finden."

Der Gerichtsbeamte erhob sich. „Das Gut Ödenrath Nummer 28 des Michael und der Amalie Penkhoff wird hiermit zur öffentlichen Versteigerung gebracht. Es wird mit allen Grundstücken, dem Vieh, den Fahrnissen und der Pflanzung sowie mit allem Zubehör, das niet- und nagelfest im Hause angebracht ist, dem Meistbietenden gegen dreimaliges Gebot überlassen. Die Versteigerung geschieht unteilbar und auf einen Satz. Die Zuerkennung durch das Gericht erfolgt endgültig. Ein späterer Einspruch ist ungesetzlich und wird verworfen!"

Dies war die festgesetzte Formel der Ausrufung. Der Gerichtsbeamte ließ sich nieder und wartete auf das erste Gebot. Er hatte nicht einmal ein Mindestgebot festgesetzt.

Frau Penkhoff legte die Arme um die drei größeren Kinder und schob sie vor sich her, bis sie dicht vor Birnbaum standen. Der wich zurück und wandte sich ab. Weinend, mit erhobenen Händen, fielen die Kinder vor ihm auf die Knie. „Treib uns nicht fort, um Christi willen, wir bitten, wir bitten", jammerten sie.

„Ich werde bedrängt", rief Birnbaum, „ich bitte das Gericht um Schutz."

Widerwillig trat der Polizeidiener herbei, nötigte die Kinder zum Aufstehen und trieb sie zurück. „Die amtliche Handlung darf nicht gestört werden!"

„Ich biete 300 Taler", sagte Birnbaum.

Der Gerichtsbeamte blickte auf. „Es handelt sich um einen ganzen Bauernhof", mahnte er unwirsch.

Birnbaum hob die fetten Schultern. „Der Hof ist mit 1350 Talern belastet. Ich schädige mich selbst, wenn ich höher biete."

Raiffeisen legte dem Bauern die Hand auf die Schulter. „Kommen Sie, Penkhoff", sagte er. „Keiner von euch wird hungern, dafür verbürge ich mich."

Da kein weiteres Angebot abgegeben worden war, wurde der Hof dem Händler Birnbaum für 300 Taler zugesprochen. In guten Zeiten hatte er den zehnfachen Wert gehabt.

Hunger und erste Hilfe

Birnbaum triumphierte. Um vor aller Welt zu zeigen, dass er sich auch von Bürgermeistern nicht ins Handwerk pfuschen ließ, ging er in der Sache Ödenrath Nummer 28 mit besonderer Härte vor. Das Haus musste innerhalb einer Woche geräumt werden.

Die Bauern duckten sich. Mehr denn je fühlten sie sich allein, da nun auch Raiffeisen, der so vieles zuwege gebracht hatte, in dieser Sache unterlegen war. Wer Schulden hatte, verschwieg sie aus Scham vor den Nachbarn, was die Einsamkeit noch drückender machte. „Recht muss Recht bleiben", sagte Birnbaum. Niemand widersprach ihm.

Am nächsten Sonntag fuhr er zweispännig zur Kirche und setzte sich breit und sicher in seinen Betstuhl in einer der vorderen Reihen. Ein blanker Taler fiel klingend in den Kollektenteller. Der Kirchendiener bedankte sich mit einer feierlichen Verbeugung. Raiffeisen, in der Bank dahinter, biss die Zähne zusammen. Penkhoff war nicht unter den Kirchenbesuchern. Sogar hier, im Kirchenraum, brüstete sich der Reiche und empfing Ehre, während der Arme sich schamhaft verbarg. Es fiel ihm schwer, den Worten der Predigt zu folgen. Das Evangelium schien weit entfernt. Seine Gedanken schweiften ab. Penkhoff darf sich nichts antun, dachte er. Im Sommer gibt es genug Arbeit auf den Gemeindestraßen. Für den Winter wird man etwas anderes finden müssen.

In diesem Jahr 1845 begann der Winter früh. Schon im November gefror das Regenwasser auf den Straßen. Die Erde mit den tiefen Fahrgleisen wurde steinhart. Nach der schlechten Ernte des regenreichen Sommers ließ sich schon jetzt voraussehen, dass die Nahrungsmittel nicht über den Winter reichen würden. In den letzten schneefreien Tagen durchstreiften die armen Leute in Scharen die Gemeindewälder und sammelten Bucheckern und Eicheln – die letzten Früchte des Waldes nach Pilzen und Beeren. Dann fiel Schnee, und die meisten Wege wurden unpassierbar. Schneeschaufelkolonnen hielten die Hauptstraße nach Altenkirchen frei.

In früheren Jahren war die Verbindung mit der Welt oft wochenlang unterbrochen gewesen. Emilie erlebte ihren ersten Winter im Hochland mit Stürmen und unerbittlicher Kälte.

In der Stube war es warm und gemütlich, aber die Sorge um die Armen, die Angst vor einer Hungersnot machten vor der Tür nicht halt.

„Es ist einfach unglaublich, mit wie wenig diese Leute auskommen können", sagte Raiffeisen. „Sie kennen den Hunger von Kindheit auf und haben sich damit abgefunden. Sie verkriechen sich in ihren Häusern wie Tiere in den Höhlen und warten auf den Frühling. Ich wollte, sie wären weniger geduldig. Wer sich abfindet, hat den Kampf aufgegeben."

Als gegen Ende des Winters die Straßen wieder frei wurden, zogen Scharen von Bettlern durchs Land. Hungernde Kinder baten von Tür zu Tür um Brot. Das eigene Dorf, die eigene Nachbarschaft umgingen sie. Immer noch galt Betteln als eine Schande, nicht nur bei den Wohlhabenden, auch bei den Armen selbst. Sie schämten sich und fanden doch nicht die Kraft, sich aufzulehnen oder auf Selbsthilfe zu sinnen. Hunger war Schicksal wie Gewitter und Hagelschlag.

Raiffeisen versuchte, die Familien zum Weben und Wirken anzuregen. Die Absatzmöglichkeiten waren gering, seit die neuen Manufakturen im Rheintal Baumwollstoffe billiger herstellten. Einige Geschäfte in Koblenz kauften Produkte der Handweberei, aber sie bezahlten so schlecht, dass die Transportkosten den Erlös fast aufzehrten.

Raiffeisen gab die Gemeindewälder für das Abschneiden von Korbweiden frei, um das Handwerk der Korbflechterei zu beleben. Die Not konnte durch diese Arbeiten kaum gemildert werden, ihm ging es vor allem darum, die Lethargie der winterlichen Untätigkeit zu bekämpfen, Selbstgefühl und Lebensmut zu heben.

Seine Bemühungen fanden nur wenig Anklang. Die Dorfvorsteher murrten. Musste er seine Nase in alles hineinstecken? Was ging es den Bürgermeister an, ob in den Häusern gearbeitet wurde oder nicht? Die schriftlichen Anregungen blieben in den Amtsstuben liegen. Raiffeisen spürte den Widerstand und ging selbst zu den Leuten. Der schweigsame Mann musste reden, reden, reden, um ein zögerndes Ja, ein Nicken, einen Schimmer von Begreifen hervor zu locken. Erschöpft und niedergeschlagen kam er abends heim.

Als seine Frau ihm an einem dieser Tage von ihrer bevorstehenden Niederkunft erzählte, gelang es ihm kaum, sich zu freuen. Sein erster Gedanke war: noch eine Verantwortung mehr zu der Last, die ihn in diesem Winter fast zu Boden drückte!

Emilie sah ihn traurig an. „Du sorgst so gern für fremde Menschen, warum fällt es dir so schwer, für deine eigenen Kinder zu sorgen?"

Er vermied ihren Blick. Auf unbestimmte Weise fühlte er sich schuldig. Hatte er das Recht, ihr alle seine Sorgen aufzubürden, an ihrer Freude aber nicht teilzunehmen? War sie nicht allzu oft, allzu lange allein? Ging seine Arbeit nicht auf ihre Kosten? Er umarmte sie und strich ihr übers Haar. „Du hast nicht viel von deinem Mann, nicht wahr?" sagte er. „Das muss anders werden."

Am frühen Morgen des 2. August musste die Hebamme kommen. „Geh nur in dein Büro", bestimmte Emilie lächelnd. „Verschone mich mit deiner Aufregung, ich habe an meiner eigenen genug."

Ruhelos, von Ängsten und Selbstvorwürfen geplagt, lief er im Garten auf und ab. Als die Hebamme aus dem Fenster rief: „Ein Mädchen, Herr Bürgermeister!" saß er gerade in der Laube. Nach der Großmutter in Hamm ließen sie das Kind auf den Namen Amalie taufen.

Dieser Tag blieb einer der wenigen Sonnentage in diesem Sommer. Danach schloss sich die Wolkendecke wieder, und es regnete wochenlang.

Zur Erntezeit stapfte der Bürgermeister mit hohen Schaftstiefeln an den Äckern entlang. Die Ähren von Gerste und Roggen hingen, vom Regen niedergedrückt, bis auf die Erde hinab. Die Körner keimten auf dem nassen Ackerboden. Grün, bürstendicht, schossen neue Pflänzchen empor. Die Nahrung für den kommenden Winter verfaulte! Manche Bauern mähten im Regen. Sie banden die nassen Garben und stellten sie auf Mieten zusammen. Nach wenigen Tagen waren auch diese vom Samt der neuen Keimung überwuchert. Getreide, das nass in die Scheune gebracht wurde, verschimmelte unter dem Dach Kartoffeln waren die letzte Hoffnung. Aber wo das Wasser sich in den Senken sammelte, verdarben auch sie. Im trockenen Boden an den Hängen fraßen die Wühlmäuse und ließen von den Kartoffeln nur die leere Schale übrig.

„Gott schütze uns vor Hunger!" sagten die Leute beklommen. In diesem zweiten Amtsjahr fasste der Bürgermeister seine Berichte noch dringlicher. „Diesmal müssen wir mit schwerem Mangel oder gar mit einer Hungersnot rechnen, die unsere Leute nicht mit eigenen Mitteln überwinden können", schrieb er nach Altenkirchen und Koblenz. Auch aus anderen Teilen des Landes wurden Missernten gemeldet. Vorräte an Getreide und Mehl wurden in königlichen Lagerhäusern gestapelt. Vor dem Winter durften sie nicht angegriffen werden.

Tagelang wanderte Raiffeisen durch die Ortschaften und beriet sich mit den Vorstehern. Die Schäden an den Dächern mussten ausgebessert werden, damit das wenige, noch brauchbare Getreide nicht verdarb. Die Mühlen mussten das Korn bis zum Letzten ausmahlen. Die Feldrüben sollten nicht als Viehfutter verwendet werden, sondern Menschen zur Nahrung dienen.

Als der Wind die ersten Schneeschauer heranwirbelte, wussten alle auf dem Westerwald, dass ein Hungerwinter bevorstand. Die Leute sammelten die Blätter der wilden Zichorie, den roten Holunder und andere

Beeren, die in guten Zeiten als Vogelnahrung auf den Sträuchern blieben. Tage und Wochen schlichen dahin wie unter einer Last. Als das neue Jahr anbrach, hatten viele Familien ihren Vorrat an Brotfrucht schon verbraucht.

Die ersten Hilfesuchenden erschienen in der Amtsstube. Raiffeisen versprach, seinen ganzen Einfluss bei den Behörden einzusetzen, um Hilfe herbeizuschaffen. Das Vertrauen der Leute machte ihn froh und betroffen zugleich. Er sah keine Möglichkeit, es zu rechtfertigen, und wollte sie doch nicht enttäuschen. Nach einer schlaflosen Nacht machte er sich auf den Weg nach Altenkirchen. Diesmal ließ er den Schlitten anspannen. Er wollte bis zum Abend zurück sein. Stellenweise war die Straße so tief verweht, dass das Pferd nicht mehr weiter konnte. Schaufelkolonnen räumten die Schneemassen zur Seite. Der Anblick der abgemagerten Gestalten, die zitternd vor Kälte die Schaufeln führten, war Raiffeisen unerträglich. Er schickte den Schlitten zurück und watete zu Fuß weiter. Immer wieder überholte er Gruppen von Menschen, die in der gleichen Richtung gingen. „Wohin wollt ihr alle?" fragte er.

„Wisst Ihr nicht, dass es nur noch in Altenkirchen Brot zu kaufen gibt?" war die Antwort. „Vielleicht ist es morgen auch damit aus. Wer Geld hat, kauft sich jetzt Brot auf Vorrat."

Also deshalb war das täglich frischgebackene Brot am gleichen Tag schon wieder ausverkauft.

In der kleinen Bezirksstadt standen die Leute aus den Dörfern in langen Schlangen vor den Bäckerläden. Schritt für Schritt rückten sie vor. Wenn einer versuchte, sich vorzudrängen, gab es Streit. Das Brot, das die ersten davontrugen, war noch ofenheiß. Während des Wartens stieg unaufhaltsam der Brotpreis. Und die Armen, die das nicht bezahlen können, dachte Raiffeisen, was wird aus ihnen?

Eine Weile ließ er sich im Gedränge mitschieben, dann löste er sich aus der Menge und ging zum Landratsamt. Er wurde sofort vorgelassen.

In kurzen Worten, als säße ihm der steigende Brotpreis drängend im Nacken, berichtete er über die Lage in Weyerbusch und das, was er soeben in den Straßen beobachtet hatte.

„Es muss etwas getan werden – sofort", drängte er.

„In Koblenz erwartet man, dass die Not in ein bis zwei Monaten noch größer sein wird", sagte der Landrat. „Dann dürfen die Magazine nicht leer sein."

„Ich finde es zynisch, sich mit dem Hinweis auf kommende Not über die Bedürfnisse des Jetzt hinwegzusetzen", sagte Raiffeisen erregt.

Die Augen des Landrats wurden schmal. „Finden Sie nicht, dass Ihre Äußerung wenig Respekt vor der Regierung verrät?"

„Wenn sie Erfolg bringt, will ich das auch verantworten", sagte Raiffeisen.

„Nun gut!" Der Landrat seufzte. „Schreiben Sie mir einen ausführlichen und begründeten Bericht über die Not in Weyerbusch. Ich werde ihn noch am gleichen Tag nach Koblenz weiterleiten."

„Noch eins", sagte Raiffeisen, ohne die Zeichen der Ungeduld zu beachten. „Die Zahlungskräftigen müssen daran gehindert werden, Brot zu horten."

Er gab nicht nach, bis der Landrat versprach, die Brotausgabe der Bäckereien polizeilich überwachen zu lassen. Je Käufer durfte von nun an nur ein Brotlaib pro Tag abgegeben werden.

Unverzüglich kehrte Raiffeisen nach Weyerbusch zurück und machte sich am nächsten Morgen wieder auf den Weg, um in den Dörfern der Umgebung Augenzeugenberichte zu sammeln. Er scheute sich nicht, den Bauern in den Topf zu schauen. Was er sah, ließ ihn schaudern. Eine dünne Brotsuppe mit wenigen Kartoffeln musste für den ganzen Tag vorhalten. Bei den Armen kam Zichorie mit gemahlener Baumrinde auf den Tisch, ein bräunlicher, übel riechender Brei. Raiffeisen überwand sich und kostete. Das Zeug schmeckte gallenbitter, aber, wie die Leute sagten, betäubte es zumindest für einige Stunden das Hungergefühl, indem es den Magen füllte.

„Vielleicht sollten wir besser betteln gehen", sagte der Hausvater mit einem gequälten Blick auf seine sechs Kinder, die zusammengekuschelt am Ofen saßen, „aber ich schäme mich noch. Später wird uns nichts anderes übrig bleiben."

Scham erfüllte Raiffeisen, dass er selbst satt war und doch mit leeren Händen kam. Seine Frau verschenkte in Weyerbusch, was sie nur eben entbehren konnte. Und doch – sie musste auch dieser Familie Brot schicken, morgen schon.

Auf dem Heimweg watete er durch tiefe Schneewehen. Der Schneesturm hatte die alten Spuren verschüttet. Dennoch waren Menschen unterwegs, sogar Kinder, von Hunger getrieben; auf Betteltour. Tief vermummt, schweigend stapften sie durch den

Schnee. Die Augen in ihren grauen Gesichtern schienen unnatürlich groß. Raiffeisen konnte sie nicht ansehen, ohne dass sich etwas in seiner Brust schmerzhaft zusammenkrampfte.

Nach Stoff für seinen Bericht brauchte er nicht zu suchen. Von allen Seiten kam die Not auf ihn zu, blickte aus allen Fenstern, duckte sich unter jedem Dach, schnürte ihm die Kehle ab, und das Schlimmste war der stille, hoffnungslose Blick der Kinder.

In Weyerbusch konnte er ein wenig aufatmen. Hier blieb den Armen das Schlimmste erspart. Im Haus des Pfarrers, des Lehrers, des Bürgermeisters waren Mittagstische für arme Kinder eingerichtet. Aber in den abgeschiedenen Dörfern und Weilern stand jeder für sich allein.

„Du musst dich ausruhen", sagte Emilie, als er erschöpft und steif vor Kälte ins Zimmer trat. „Hat der Bericht nicht Zeit bis morgen?" Er nickte müde, aber nach kurzer Zeit trieb es ihn wieder hoch vom Stuhl. Die Elendsbilder ließen ihn nicht zur Ruhe kommen. Von der Küche aus hörte sie, wie er im Zimmer auf und ab ging. Als sein Schritt verstummte, wusste sie, dass er wieder in der Amtsstube am Schreibtisch saß. Mit traurigem Lächeln setzte sie sich allein unter die Lampe.

Erst tief in der Nacht sank er ins Bett. Der Bericht war geschrieben. Am nächsten Morgen brachte ihn der Polizeidiener zu Fuß nach Altenkirchen.

Und weiter schneite es, Tag und Nacht, als sollten sie alle begraben werden. Wie ein Leichentuch lag der Schnee über den Häusern. Die Leute gruben Tunnel von Tür zu Tür. Keiner arbeitete mehr, der Verkehr stand still. Keine Schlittenspur furchte den ungeräumten Schnee auf den Straßen. Die Leute nahmen alle Kraft zusammen, um zu überleben.

An einem eisigen Januartag um die Mittagszeit klopfte die Frau des Feldkätners Rain schluchzend an die Tür der Amtsstube. „Seit gestern Abend sind unsere beiden Jungen verschwunden", jammerte sie. „Mein Mann sucht sie seit heute Morgen. Vielleicht stecken sie in einem verschneiten Hohlweg."

„Wie konntet Ihr die Kinder bei diesem Sturm gehen lassen"? fragte Raiffeisen entsetzt.

Sie sank auf einen Stuhl und bedeckte das Gesicht mit den Händen. „Sie sind heimlich gegangen", sagte sie, „sie hatten Hunger, Herr Bürgermeister. Seit Tagen haben wir kein Brot mehr im Haus. Mein Mann wollte heute noch einmal versuchen, nach Altenkirchen zum Bäcker durchzukommen. Aber dann ..." Der Rest des Satzes ging im Schluchzen unter.

Raiffeisen konnte sie nicht ansehen. „Ich werde alles tun ...", murmelte er und eilte aus dem Zimmer.

Er ließ aus jedem Haus des Dorfes einen Mann zu sich rufen, teilte Suchtrupps ein und schickte sie auf verschiedenen Wegen ins Gelände. Dem letzten schloss er sich selbst an. Ausgangspunkt war Hilgenroth, der Wohnort des Kätners. Im Gestöber verloren die Trupps einander rasch aus den Augen. Rufend und pfeifend kämpften sie sich durch den Schnee voran. Alle Wege und Pfade wurden durchkämmt. Abends kehrten sie unverrichteter Dinge zurück.

Raiffeisen gab Fackeln aus, und wieder begann die Suche, das Rufen der Namen in der Nacht. Ringsum zuckte roter Schein durch die Schneeöde. Am Fenster der Amtsstube saß die Frau, tränenlos, in der Gebärde verzweifelnden Wartens erstarrt.

Die Kinder wurden nicht gefunden. Einen Tag später waren auch in Birnbach zwei Kinder verschwunden. Sie hatten aus Birkenreisern Besen gebunden, die sie bei den Bauern gegen Brot tauschen wollten. Wieder zogen die Männer von Birnbach und Weyerbusch aus. Um Mitternacht fanden sie die Kinder in einer Schneewächte vergraben, die sie vor dem Erfrieren bewahrt hatte. Die beiden anderen würde man erst finden, wenn im Frühjahr der Schnee schmolz.

Einige Tage später rief ein Bote den Bürgermeister nach Altenkirchen. Der Wintersturm hatte ausgetobt. Es war ein kalter, strahlender Tag. Mit klingenden Schellen fuhr der Schlitten über die freigeschaufelte Straße. Die verschneiten Felder glitzerten unter der Sonne.

Im Landratsamt wurde Raiffeisen sofort vorgelassen. Der Landrat kam ihm zur Tür entgegen.

„Ihr Bericht hat sich durchgesetzt, Herr Bürgermeister. Der Gemeindebezirk Weyerbusch erhält aus den königlichen Magazinen eine Zuteilung von 150 Scheffeln Mehl."

Raiffeisen nahm seine von der plötzlichen Wärme beschlagene Brille ab. Die Konturen des Raums verschwammen. Er schwankte.

„Ist Ihnen nicht wohl?" fragte der Landrat besorgt.

Raiffeisen griff nach einer Stuhllehne und setzte sich langsam hin. „Mit einer anderen Nachricht hätte ich mich nicht nach Weyerbusch zurück getraut."

Erstaunt betrachtete ihn der Landrat. „Sie nehmen die Dinge zu schwer", sagte er. „Das Schlimmste ist vorbei. Das Mehl ist schon nach Altenkirchen unterwegs. Sie haben es in Fässer gefüllt, um es besser transportieren zu können. Sobald die Straße freigeschaufelt ist, sollen Schlitten es an seinen Bestimmungsort bringen."

„Die Straße ist bereits frei", sagte Raiffeisen rasch. „Gleich morgen werde ich die Schlitten nach Altenkirchen schicken."

Er stand schon wieder, wollte nach Hause. In Weyerbusch sollten sie keine Sekunde länger als nötig auf die Glücksnachricht warten. Des Landrats Mahnung, sich vor dem Rückweg etwas auszuruhen, überhörte er, erfüllt von der neuen Aufgabe, die ihn seine Schwäche vergessen ließ.

Auf dem Weg heimwärts gab er in den Dörfern, die er mit dem Schlitten durchfuhr, den Auftrag, die Straße für Lastschlitten freizuräumen.

Mehl für Weyerbusch! Die Nachricht eilte ihm voraus. Als er in Weyerbusch einfuhr, war die Straße schwarz von Menschen.

„Ist es wirklich wahr? Kommt Mehl nach Weyerbusch? Wie habt Ihr das nur fertiggebracht?"

„Morgen", wehrte Raiffeisen ab, „morgen könnt ihr selber sehen."

In der Frühe des nächsten Tages fuhr er mit dem ersten Schlitten nach Altenkirchen, um von Anfang an die Übergabe zu kontrollieren. Für jedes Stäubchen Mehl fühlte er sich persönlich verantwortlich. Die Fässer befanden sich im Keller des Landratsamtes. Raiffeisen stand daneben, als sie auf die Schlitten gerollt wurden, und notierte jedes einzelne Fass. Er verließ seinen Posten erst, als der letzte Schlitten geladen war.

Der Landrat übergab ihm gegen Revers eine Order von der Regierung in Koblenz, die er, ohne sie zu lesen, in die Tasche steckte. Er bestätigte die Übernahme des Transportes und begab sich wieder zu den wartenden Fuhrleuten. Auf ein Zeichen seiner Hand setzte sich die Schlittenkolonne in Bewegung. In jedem Ort am Weg standen die Leute an der Straße, winkten und grüßten. „Bedankt euch bei eurem Bürgermeister", sagten sie, „er hat euch das Mehl beschafft." „Die Regierung", sagte Raiffeisen, „ich konnte nur ihre Hilfe beschleunigen."

„Wenn wir auf die gewartet hätten, wäre noch mancher verhungert."

In Weyerbusch läuteten die Glocken zum Einzug. Das ganze Dorf war auf der Straße. Hoffnungsvolle Blicke folgten jeder Bewegung. Der Anblick der hoch beladenen Schlitten wirkte wie ein Lebenselixier. Raiffeisen kletterte auf einen der Schlitten und rief in die Menge hinein: „Kommt morgen früh wieder. Morgen wird verteilt.

Fässer rollten in die Tür des Bürgermeisterhauses und wurden im Flur gestapelt. Einer nach dem anderen kehrten die leeren Schlitten zu den Höfen zurück. Es wurde still ums Haus. Raiffeisen aß seine Mahlzeit zum ersten Mal seit Tagen in Ruhe.

Dann lehnte er sich im Stuhl zurück und zog das Schreiben der Regierung aus der Tasche. Während er las, beobachtete seine Frau mit steigender Sorge, wie die Freude aus seinem Gesicht schwand. Er starrte auf das Blatt, als wolle er seinen Augen nicht trauen, dann las er noch einmal, Wort für Wort:

„Hiermit werden durch eine Verordnung des königlichen Regierungsamtes in Koblenz dem Gemeindebezirk Weyerbusch im Westerwald als einem besonderen Notstandsgebiet 150 Scheffel Mehl aus den königlichen Magazinen zugeteilt. Das Mehl möge sofort insgesamt an zahlungskräftige Leute gegen bar zur Verteilung gebracht und das Geld zusammen mit der Abrechnung ehestens an den hiesigen Ort gegen ordnungsmäßige Quittung abgeführt werden. Über den Vorgang der Verteilung ist ein besonderer Bericht nach hier vorzulegen.

Erlassen am 31. Januar 1847

Siegel und Unterschrift."

„... an zahlungskräftige Leute gegen bar ..." – die Worte bohrten sich wie glühende Nadeln in sein Hirn. Wortlos schob er Emilie das Schreiben zu. Während sie las, nahm er die Brille ab und verbarg die brennenden Augen in den Händen.

„Das Schreiben ist eindeutig", sagte sie zaghaft. „Die Regierung ordnet es so an. Du bist Beamter und musst den Befehl ausführen."

„Ich kann nicht", sagte er. Als er die Hände von den Augen nahm, war das Zimmer in graue wogende Schleier gehüllt. Er fühlte sich blind, getäuscht, irregeführt. „... an zahlungskräftige Leute gegen bar ..." – Und was soll mit den Armen geschehen, die keinen

Groschen aus der Teurung gerettet haben? Sie haben am schwersten unter dem Hunger gelitten, während die zahlungsfähigen Leute das teure Brot aus Altenkirchen kauften und horteten. Er begann, in der Stube auf und ab zu gehen.

„Die Order verstößt gegen die Gerechtigkeit", sagte er. „Gerechtigkeit ist die erste Pflicht der Regierung. Die Sorge um Bezahlung ist zweitrangig. Alle, die in Not sind, müssen ihren Teil der Hilfe bekommen. Den Maßstab für die Verteilung darf nicht die Zahlungsfähigkeit, sondern die Bedürftigkeit setzen."

„Aber wer bezahlt das Mehl?" mahnte sie leise.

„Auf keinen Fall können wir sofort mit Koblenz abrechnen. Es muss eben später bezahlt werden, wenn wieder Geld da ist."

Er blieb neben Emilie stehen und legte ihr die Hand auf die Schulter. „Man wird mich für ungehorsam halten: Nichtausführung einer Regierungsorder!"

Langsam hob sie den Blick zu seinem Gesicht. Er fühlte, wie sie um Zuversicht kämpfte. Sie hatte Angst und wollte sie nicht zeigen. Sie wollte ihm helfen. „Du kannst nicht anders handeln, wenn du dir selbst treu bleiben willst", sagte sie.

In der Frühe des nächsten Tages versammelten sich die 25 Ortsvorsteher zu der am Vorabend einberufenen Sitzung. In der Nacht hatte sich Raiffeisens Entschluss bekräftigt. Er war jetzt ganz ruhig. Mit undurchdringlichem Gesicht las er die Regierungsorder vor und warf über den Rand des Schriftstücks einen forschenden Blick auf die Männer, die mit ihm über die Verteilung des Mehls entscheiden sollten. Waren sie stark genug, um die Verantwortung für diesen Ungehorsam mit zu tragen? Noch ehe er fertig gelesen hatte, spürte er ihre Betroffenheit. Die Blicke waren auf ihn gerichtet. Keiner tat den Mund auf. „Wir denken alle das Gleiche", sagte er nach einer Pause. „Eine Verteilung nur an Zahlungsfähige ist ungerecht. Ich habe einen anderen Vorschlag. Es sollte eine Armenkommission gegründet werden. Jede Ortsgemeinde stellt eine Liste der Bedürftigen auf, die am dringendsten Hilfe brauchen. An diese verteilen wir das Mehl auf Vorschuss. Die Bezahlung soll innerhalb eines Zeitraums erfolgen, den wir noch festlegen müssen."

Er sah den Gesichtern an, wie es hinter der Stirn arbeitete. Selbst der schlichteste Kopf hatte indessen den Widerspruch zwischen der Regierungsorder und seinem Vorschlag begriffen und setzte sich damit auseinander. Die einfachste und billigste Lösung wäre wohl eine Rückfrage in Koblenz gewesen. Man hätte die Verantwortung abschieben können. Aber in diesem Fall würde das Mehl acht Tage und länger im Flur des Bürgermeisterhauses festliegen – Nahrung, den bösen Hunger zu stillen – und dennoch unerreichbar für die Hungernden. Konnte man ihnen diese Folter zumuten?

Der Vorsteher von Hilgenroth erhob sich mit einem Ruck aus dem allgemeinen Zögern. „Ich stimme für Euren Plan, Herr Bürgermeister." Das Eis war gebrochen. Eine Debatte war überflüssig. Raiffeisens Vorschlag wurde nach diesem mutigen Vorstoß einstimmig angenommen.

Nun ging es an die Zusammenstellung der Listen. Jeder Name wurde durchgesprochen. Natürlich gab es überall Leute, die mit ihrer Not hausieren gingen. Es kam aber darauf an, auch diejenigen aufzuführen, die ihre Armut schamhaft verschwiegen und hinter geschlossenen Türen still hungerten. Sie hatten am wenigsten Hilfe erfahren, am schwersten unter ihrer einsamen Not gelitten.

Bis Mittag saßen die Vorsteher über den Listen, dann war – auf dem Papier jedenfalls – die Verteilung der 150 Scheffel durchgeführt. Boten wurden in die Orte gesandt. Am Nachmittag begann man mit dem Auswiegen der Pfunde. Wer nicht sofort bezahlen konnte, versprach spätere Zahlung und bestätigte mit seiner Unterschrift, welche Menge er empfangen hatte.

Die Not war bezwungen, aber für wie lange?

Der Winter war noch nicht vorbei. „Wir werden schon durchkommen", sagten die Leute, „Raiffeisen hilft uns." Raiffeisen schlief eine ganze Nacht, ohne einmal aufzuwachen. Am Morgen entdeckte er, dass er eine kleine gesunde Tochter hatte und bewunderte das pralle Fleisch, die glatte seidige Haut wie ein Himmelsgeschenk. „Wie kräftig sie ist", sagte er staunend.

„Du tust, als sähest du sie zum ersten Mal", sagte Emilie. Ihr Lächeln war ein wenig traurig, aber er war zu glücklich, um sich darüber Gedanken zu machen.

„Brotverein“ und Backhaus

Die Freude an diesem Teilsieg teilte der Bürgermeister mit dem ganzen Dorf, die Unannehmlichkeiten jedoch musste er allein tragen. Wer fragte schon nach den Ortsvorstehern, mit deren Einverständnis er die Verteilung vorgenommen hatte? Die Behörde würde ihn, den Bürgermeister, verantwortlich machen.

Stundenlang brütete er über einer Erklärung, die die Leute am grünen Tisch überzeugen sollte. Wie konnten sie verstehen, die nicht die hungernden Menschen gesehen hatten, nicht die Kinder im Schnee, nicht die trübe Brühe im Topf?

„Schreib doch einfach die Wahrheit“, sagte Emilie, „schreib: mein Gewissen hat es mir so befohlen.“

Dankbar sah er auf. „Du hast recht, Emilie, was bin ich doch für ein umständlicher Kerl. Das Einfachste fällt mir erst zuletzt ein.“

Jetzt flog die Feder rasch über das Papier. In kurzer Zeit war der Brief fertig, unterschrieben, gesiegelt. Als Kern der Ausführungen stand der Satz: Mein Gewissen befahl es mir so!

„Ich bringe ihn selbst nach Altenkirchen“, sagte er. Sie spürte, wie es ihn nach Luft und Bewegung verlangte. Zu Fuß machte er sich auf den Weg.

Die Härte des Winters war gebrochen. Fröhlicher Schellenlaut klang über den Straßen. Holzfuhrwerke,

Botenfahrer und andere Frachten waren unterwegs. Ein Schlitten überholte den Wanderer. Der Vorsteher von Hilgenroth brachte die Pferde zum Stehen. „Sitzt auf, Herr Bürgermeister", rief er. „Jeder möchte Euch gern auf seinem Schlitten haben. Ihr bringt Glück."

Raiffeisen kletterte auf den Sitz. Die Pferde zogen an und fielen in einen raschen Trab. Zum Reden kamen sie nicht. Der Wind blies ihnen kalt ins Gesicht. Von Zeit zu Zeit tauschten sie ein Lächeln. Wie sich doch die Menschen verwandeln, bloß wegen einiger Fässer Mehl, dachte Raiffeisen, während sie an Schlitten und Fußgängern vorüberflogen. Frohe Gesichter wandten sich ihnen zu. Peitschen hoben sich zum Gruß. Sogar die Bewegungen schienen rascher, lebendiger, als sei allen eine Last genommen, ein Bann gebrochen. Die Natur war nicht mehr Feind. Hell und freundlich, mit einer Vorahnung neuen Wachstums, umfing sie Dörfer und Straßen. Aber der Sommer ist noch weit, warnte Raiffeisen sich selbst. Das Mehl kann nicht lange reichen. Neue Nahrungsmittel müssen her. Die Regierung wird zu weiterer Hilfe nicht bereit sein. Überall herrscht Not, auch in der Rhön, im Schwarzwald, im Jura, im Thüringer Wald, in der Eifel. Die Magazine sind nicht unerschöpflich, und wir haben unser Teil bereits erhalten.

„Wo darf ich Euch absetzen", fragte der Vorsteher, als sich die Straße in das Tal von Altenkirchen hinab senkte.

Raiffeisen fuhr aus tiefen Gedanken hoch. „Ich muss dem Landrat Bericht über unsere Eigenmächtigkeit in der Mehlverteilung machen."

„Himmeldonnerwetter!" Der Vorsteher lief rot an. „Sollte denen das etwa nicht recht sein? Ihr hättet alle 25 Ortsvorsteher mit nach Altenkirchen schleppen sollen, dann hätte ich sein Gesicht sehen mögen."

Als sie jedoch vor dem Landratsamt haltmachten, schien er nichts dagegen zu haben, dass Raiffeisen allein ausstieg. Eilig spornte er die Pferde an. „Viel Glück!" rief er und bog rasch um die nächste Ecke.

„Nun?" rief der Landrat wohlgelaunt, „wie ist jetzt die Stimmung in Weyerbusch?"

Schweigend überreichte Raiffeisen seinen Bericht. Der Landrat ließ sich zum Lesen hinter seinem Schreibtisch nieder. Sein Gesicht verfinsterte sich. Schließlich legte er das Papier zur Seite, erhob sich und trat dicht vor Raiffeisen, der ebenfalls aufgestanden war.

„Wie alt sind Sie eigentlich, Bürgermeister Raiffeisen?" „In sechs Wochen werde ich neunundzwanzig."

„Sehen Sie", der Landrat strich sich über die grauen Schläfenhaare, „ich bin fast doppelt so alt wie Sie, aber es wäre mir nie eingefallen, eine Anordnung der Regierung willkürlich zu ändern. Wissen Sie überhaupt, was das für Sie bedeuten kann?"

„Meine Entlassung aus dem Staatsdienst", sagte Raiffeisen. Seine Stimme klang ganz ruhig, aber in seinem Kopf jagten sich die Bilder: Emilie, das Kind, die Wohnung, wieder Emilie, ihr angstvoller Blick beim Abschied ...

Der Landrat schien seine Gedanken zu erraten.

„Sie haben erst vor einem Jahr geheiratet, nicht wahr? Sie hätten an Ihre junge Familie denken sollen, bevor Sie Ihre Stellung so mutwillig in Gefahr brachten."

„Und was hätte ich den Armen sagen sollen, wenn das Mehl nur an Zahlungsfähige verteilt worden wäre?“

Das Gesicht des Landrats verschloss sich. „Sie hätten neue Weisungen einholen müssen“, sagte er knapp und kramte abgewandt in seinen Akten.

Raiffeisen stand aufrecht und unbeweglich, wie er es beim Militär gelernt hatte. Die Pause kam ihm endlos vor. Schließlich sagte der Landrat, ohne sich umzuwenden: „Ich werde Ihren Bericht vorläufig nicht nach Koblenz weitergeben. Ihr willkürliches Vorgehen könnte für Ihre Stellung als Bürgermeister unangenehme Folgen haben. Natürlich sind Sie für die volle Bezahlung des Mehls persönlich verantwortlich.“

„Ich weiß“, sagte Raiffeisen, „ich danke Ihnen, Herr Landrat“. Er wandte sich zur Tür, aber der Landrat kam ihm zuvor.

„Sie haben mich hoffentlich recht verstanden“, sagte er, „sollten sich aus Ihrer Handlungsweise Nachteile für die Gemeinde Weyerbusch ergeben, dann muss ich den Sachverhalt noch nachträglich der königlichen Regierung in Koblenz vortragen.“

Damit war er entlassen. Es gab keinen Händedruck, nur ein nachlässiges Winken. Der Landrat schien sehr verstimmt zu sein.

Langsam, mit gesenktem Kopf stieg Raiffeisen die Treppe hinab und wäre um ein Haar mit einem Herrn zusammengestoßen, der eilig die Stufen heraufkam.

Raiffeisen zog den Hut, nannte seinen Namen und entschuldigte sich. Der Fremde blieb stehen und sah ihm neugierig ins Gesicht. „Aha, Sie sind der Bürgermeister von Weyerbusch. Man spricht von Ihnen, seitdem Sie Ihrer Gemeinde so tatkräftig geholfen haben." Er nannte einen Namen, den Raiffeisen nicht verstand, und setzte hinzu: „von der Regierung in Koblenz!"

Verwirrt setzte Raiffeisen seinen Weg fort. War diese Begegnung günstig auszulegen, oder würde der Herr von der Regierung nichts Eiligeres zu tun haben, als in Koblenz über seinen Ungehorsam zu berichten? Das könnte böse Folgen haben. Schließlich stand seine Ernennung zum Amtsbürgermeister immer noch aus, und, was die Regierung betraf, war er nichts als ein jederzeit abzuberufender Supernumerar.

Tagelang bedrängte ihn die Ungewissheit seiner Zukunft. Mit Emilie darüber zu reden, verbot er sich. Sie ängstigte sich ohnehin genug, er wollte ihr das Herz nicht noch schwerer machen. Als keine weitere Nachricht von Altenkirchen kam, schob er die Sorge von sich. Offenbar hatte der Landrat geschwiegen.

Andere Probleme drängten sich in den Vordergrund. Der Winter war zu Ende, aber das Ende der Hungerzeit war noch nicht abzusehen. Die Mehlzuteilung hatte nur über einige Wochen der bittersten Not hinweghelfen können. Nun war in manchen Haushalten die Mehltruhe schon wieder leer, vor allem bei den Armen, die nicht einteilen konnten. Der Brotpreis war weiter gestiegen.

In dieser Zeit wanderte Raiffeisen lange einsame Wege. Er gab vor, nach dem Stand der Straßen zu sehen, in Wirklichkeit brauchte er Einsamkeit und Bewegung, um neue Gedanken zu entwickeln. Solange er an die Ursachen der Armut nicht herankam, das

Übel nicht an der verborgenen Wurzel packen konnte, blieb ihm nichts übrig, als sich mit den schrecklichen Folgen zu befassen. In Altenkirchen hatte man außer Zweifel gestellt, dass mit einer weiteren Hilfe nicht zu rechnen sei. Die Leute mussten sich selber helfen, aber wie? Wo wollte man ansetzen?

Vom Kamm eines Hügels aus blickte er weit über das Land. Nur noch in den Tälern und in den sonnenabgewandten Abhängen hielt sich der Schnee. Brauner Ackerboden dampfte unter der Sonne. Die Luft ging lau. Er atmete sie ein wie eine Verheißung. Die Natur wollte neu werden. Was war mit den Menschen? Gab es für sie keinen neuen Anfang, keine Wandlung zum Besseren, keinen Ausweg aus dem tödlichen Kreislauf des Elends?

Allein schafft es keiner, sie müssen es zusammen versuchen, dachte er. Das Wort „zusammen" erfüllte ihn mit Hoffnung, obwohl sich noch keine klare Vorstellung damit verbinden wollte. Zusammen, dachte er, alle gemeinsam!

Er suchte Emilie in der Küche. Sie wandte ihm ihr vom Herdfeuer glühendes Gesicht zu. „Wem bist du begegnet?" fragte sie. Er beugte sich über sie und gab ihr einen Kuss. Erstaunt bog sie den Kopf zurück. Zärtlichkeiten in der Küche waren in ihrem Eheleben nicht die Regel. „Ich bin meinem guten Geist begegnet", sagte er. „Hoffentlich hast du ihn gleich mitgebracht", sagte sie.

Er ließ sie los und begann sein übliches Auf und Ab in der Küche.

„Ich muss sofort die Armenkommission einberufen", sagte er, „jetzt wird sich zeigen, ob die Leute wirklich Vertrauen zu mir haben."

„Was soll geschehen?" fragte Emilie.

„Wir müssen Lebensmittel oder Brot für die Gemeinde besorgen. Wenn die Kommission zustimmt, wird es gelingen."

„Was wird gelingen?"

Er schwieg, in Gedanken verloren, und sie hütete sich, weiter in ihn zu dringen. Er liebte es nicht, wenn das Wachsen seiner Pläne durch Fragen gestört wurde. „Ich bin sicher, dass sie Vertrauen zu dir haben", sagte sie nur.

Es dauerte einige Tage, bis die Armenkommission vollzählig zusammentreten konnte. Raiffeisen nutzte die Zeit, die Realisierbarkeit seines Plans nach allen Seiten zu prüfen. Die finanzielle Situation der Gemeinde und auch die ihrer einzelnen Bürger war ihm bekannt. Damit musste gerechnet werden, vorausgesetzt, dass die Bereitschaft bestand, Geld für eine gemeinsame Aktion locker zu machen. Der Angelpunkt des ungewöhnlichen Projektes war und blieb das Vertrauen.

In der Einladung an die Gewählten der Kommission hatte er das Thema der Sitzung nicht erwähnt. Erwartungsvolle Gesichter wandten sich ihm zu, als er das Amtszimmer betrat. Die meisten vermuteten, dass sich die Armenkommission mit der Bitte um weitere Mehlzuteilung an die Regierung wenden solle. Es war nicht möglich gewesen, aus der ersten Sendung eine Reserve zurückzubehalten. Das Mehl war restlos verteilt worden.

Raiffeisen verbarg seine Erregung, seine Stimme war ruhig wie immer, als er begann: „Ich danke allen Mitgliedern der Armenkommission, dass sie meiner Einladung gefolgt sind. Ohne Eure Mitwirkung wäre es nicht möglich gewesen, das Mehl so rasch und gerecht zu verteilen. Ein Einzelner kann nichts ausrichten gegen die Notlage einer ganzen Gemeinschaft. Nur wenn viele sich zusammenschließen, kann scheinbar Unmögliches geschafft werden. Die Arbeit der Armenkommission wird weiterhin gebraucht. Wir sind erst am Anfang. Es gilt, die magere Zeit bis zur nächsten Ernte zu überbrücken. Mit weiterer Hilfe der Regierung ist nicht zu rechnen. Der Landrat hat mir das unmissverständlich erklärt. Auch in anderen Gegenden herrscht Not. Die Vorräte der Regierung reichen bei Weitem nicht aus. Wir müssen uns selber helfen."

Raiffeisen spürte Unruhe unter den Zuhörern. Ich muss mich kürzer fassen, dachte er, das richtige Wort finden …

„Wir müssen durch eine gemeinsame Aktion neues Brotmehl heranschaffen", sagte er.

Das Wort „gemeinsam" hing noch im Raum, als sich der erste Widerspruch erhob.

„Keiner wird sich finden, der uns Brotmehl auf Borg gibt."

„Ich weiß", sagte Raiffeisen. „Um zu Geld zu kommen, müssen wir eine Anleihe aufnehmen."

„Eine Anleihe?" Der Vorsteher von Hilgenroth schüttelte den Kopf. „Etwa beim Wucherer Birnbaum? Da mach ich nicht mit."

„Ich auch nicht, ich auch nicht", kam es von allen Seiten.

Bisher war es diesen Männern gelungen, sich und ihren Besitz von der Schuldknechtschaft des Wucherers frei zuhalten, und sie dachten nicht daran, um der gemeinsamen Sache willen, nun doch noch in seine Hand zu geraten.

Raiffeisen wartete, bis sich das Stimmengewirr gelegt hatte, dann sagte er ruhig: „Ich habe nicht vom Wucherer gesprochen. Mein Vorschlag ist, dass jeder von euch der Armenkommision das Geld leiht, das er im Augenblick – entbehren kann. Aber es geht nicht nur um die Mitglieder der Armenkommission. Wir müssen noch mehr Leute finden, die bereit sind, ihr Geld zur Verfügung zu stellen. Wenn ein jeder nur wenige Taler zulegt, können wir Brotmehl kaufen und es gegen die Zusicherung späterer Bezahlung austeilen."

Ein betretenes Schweigen breitete sich aus, als er geendet hatte. Hier ging es um das eigene Geld, den gehüteten Spargroschen. Die Männer blickten vor sich auf den Tisch.

Schließlich fand sich einer, der die Sorge aller aussprach. „Und wer bürgt für die Rückzahlung?"

Raiffeisen nickte. Er hatte die Frage erwartet.

„Es ist eine Frage des Vertrauens, das wir zueinander haben", sagte er. „Unsere Not leidenden Mitbürger sind Bauern wie ihr oder Tagelöhner mit einem Stück Feld. Sie werden gern bereit sein, ihren Besitz als Bürgschaft einzusetzen, wenn ihnen jetzt im Augenblick der größten Not geholfen wird. Keiner von euch hat persönlich mit den Schuldnern zu tun. Die

Armenkommission verleiht das Geld und fordert es auch wieder ein." Er spürte, wie es in den Köpfen seiner Zuhörer arbeitete. Waren sie imstande, den Sinn und die Möglichkeiten seines Planes zu begreifen? „Es gibt unter euch und in den verschiedenen Gemeinden Bauern, Geschäftsleute und Handwerker, die durch Fleiß und Sparsamkeit in der Lage gewesen sind, einige Taler auf die hohe Kante zu legen", fuhr er fort. „Dieses Geld ist gut verwahrt in den Schränken, aber es nützt niemandem, es liegt brach wie ein unbestellter Acker. Jetzt ist die Gelegenheit gekommen, es zum Wohl aller einzusetzen, ohne dabei Verlust zu erleiden. Ihr wisst, dass es in den Städten Sparkassen gibt, aber die ländliche Bevölkerung nimmt sie nicht in Anspruch. Die Reise ist ihnen zu umständlich, oder sie bringen das Vertrauen nicht auf. Die Frage ist: Sind wir bereit, uns gegenseitig zu vertrauen und unser Geld der Kommission zu treuen Händen zu übergeben?"

Raiffeisen öffnete die Schublade seines Schreibtisches und hob einen kleinen Beutel mit Münzen heraus. „Auch ich habe einiges gespart und will das Geld der Armenkommission leihen. Ich weiß, dass ich es bis zum Herbst zurückerhalte. Bis dahin brauche ich es nicht." Die Atmosphäre entspannte sich. Mehr als Worte wirkte die Geste, das lebendige Vorbild. Wie schwer ist es doch, in den Sperrbereich des privaten Besitzes vorzudringen, dachte Raiffeisen. In dem Gefühl, dass das Eis gebrochen sei, vermied er es, weiter zu drängen. Als sei die Anleihe bereits geleistet, fing er an, von den Getreideschiffen aus Niederdeutschland, aus Polen und Russland zu erzählen. Sie ankerten in den großen Rheinhäfen, in Duisburg, in Köln, und fuhren nach dem Verkauf des Getreides mit Kohle beladen wieder zu ihren Heimathäfen zurück. Man musste Verbindung mit einer großen, reellen Handelsfirma aufnehmen. Die Straßen waren jetzt frei. Das gekaufte Getreide konnte auf Fuhrwerken in den Westerwald transportiert werden.

Plötzlich erhob sich der alte Vorsteher von Weyerbusch und sagte mit einem herausfordernden Blick in die Runde: „Ich stelle meine Ersparnisse gegen Bürgschaft und Schuldschein zur Verfügung!“ Zögernd, dann rascher, als wolle niemand der Letzte sein, folgten die anderen seinem Vorbild. Nun kam es darauf an, andere Bürger, die der Armenkommission nicht angehörten, für die Aktion zu gewinnen. Die Mitglieder erklärten sich bereit, in ihren Gemeinden Spender zu werben. Je größer die Anzahl der Einzahlenden war, desto niedriger konnte der einzelne Anteil gehalten werden. Zum Abschied schüttelte Raiffeisen jedem die Hand. Wieder brannten seine Augen, wie immer, wenn er eine große Anstrengung bewältigt hatte.

Auch die anderen waren erregt. Sie verabschiedeten sich herzlicher als gewöhnlich. Eine Schwelle war überschritten, etwas Neues begonnen worden. Der gemeinsame Entschluss gab ihnen ein neues Gefühl der Zusammengehörigkeit, das ihren Worten Überzeugungskraft verlieh, als sie in ihren Heimatgemeinden von Haus zu Haus gingen und die Aufforderung des Bürgermeisters weitergaben.

In einer Woche sollte die Liste fertig sein, so hatte Raiffeisen bestimmt. „Wir haben es eilig. Der Hunger wartet nicht.“

Am folgenden Sonntag fanden sie sich wieder zusammen. Taler türmten sich auf dem Tisch. Wer hätte gedacht, dass im armen Westerwald so viel Geld ungenutzt im Schrank lag.

Raiffeisen prüfte die Listen. Statt der Unterschrift standen hie und da drei Kreuzchen. Der zuständige Vorsteher bestätigte schriftlich, von wem sie stammten. „Wir haben 60 Teilnehmer für unseren neuen ‚Brotverein' gewonnen!" triumphierte Raiffeisen. Fast schämte er sich, dass er die Bereitwilligkeit dieser Leute gering eingeschätzt hatte. So viel Gutes schlummerte im Menschen! Es musste nur einer kommen und die Richtung weisen.

„Morgen fahren wir an den Rhein!" sagte er.

Über die infrage kommenden Handelsfirmen hatte er bereits Erkundigungen eingezogen. In der Frühe bestieg er mit Hannes Becker, dem Vorsteher von Hilgenroth, den Kutschwagen und fuhr nach Altenkirchen. Dort stiegen sie in die Eilpost um, die sie über Neustadt zum Rhein hinunter brachte.

Es war ein sonniger Frühlingstag. Die Straßen waren trocken. An den Bäumen schwollen die Knospen. Auf der Fahrt durch fremde Dörfer fiel ihnen auf, wie viele Leute, auch Kinder, auf Betteltour unterwegs waren. Der Anblick schnitt ihnen ins Herz. In der Gegend um Weyerbusch sah man solche Elendsbilder nicht mehr.

Sie übernachteten in Linz am Rhein. Zu einem Besuch bei den Schwiegereltern reichte die Zeit nicht aus. Mit dem ersten Postwagen ging die Reise weiter nach Köln. Auf dem Weg zum Rheinkai verstummte Raiffeisen. Eine neue Aufgabe stand ihm bevor. Wieder sollte er Vorurteile überwinden, Menschen überzeugen, Ungewöhnliches durchsetzen, und das nicht in seiner Gemeinde, in der man ihn kannte und achtete, sondern unter Fremden, deren Verhalten von Geschäft und Profit bestimmt war. Ein Angestellter führte sie in das Büro des Prokuristen, der nach der Vorstellung erstaunt fragte: „Seit wann kauft ein öffentliches Amt Getreide ein, statt dieses Geschäft den Vertretern des Handels zu überlassen?"

„Ich stehe hier nicht als Bürgermeister, sondern als Obmann der Armenkommission unserer Gemeinde", erklärte Raiffeisen.

„Betreibt diese ein Handelsgeschäft zum Weiterverkauf des Getreides?" wollte der Prokurist wissen.

„Wir verkaufen nicht, wir verteilen nur. Die Kommission will keinen Gewinn. Ihre Arbeit geschieht freiwillig und ehrenamtlich."

„Also eine soziale Institution", stellte der Prokurist kopfschüttelnd fest. „Um solche Belange haben sich bisher nur die Kirchen gekümmert."

„Auch wir sind Christen", sagte Raiffeisen.

Der Prokurist dachte lange nach. Solche Geschäfte waren noch nie durch seine Bücher gegangen. Die Geschäftsführung seiner Firma war sauber und reell. Es herrschte Ordnung in dem Verhältnis von Leistung und Ware. Doch Leute, die sich vorgenommen hatten, ohne Gewinn zu arbeiten, störten diese Ordnung auf eine Weise, die seine Gedanken verwirrte. Wie sollte man das verbuchen?

Zögernd nahm er die Bestellung auf 200 Scheffel Roggen entgegen. „Da Ihre Firma bei uns keine Referenzen besitzt, müssen wir auf Barzahlung bestehen", sagte er. „Sie kommen dann in den Genuss eines Skontos für Barzahlung."

„Damit haben wir gerechnet", sagte Raiffeisen. „Der Betrag wird bei Warenübernahme erlegt werden."

Den Transport nach Linz am Rhein übernahm die Firma. Eine rasche Erledigung wurde zugesichert.

Auf dem schnellsten Wege reisten die beiden Männer über Siegburg heim. Bereits drei Tage später knarrte eine lange Kolonne leerer Wagen über die Höhen des Westerwaldes nach Linz. Raiffeisen fuhr mit der schnelleren Postkutsche voraus. In seiner Tasche trug er einen mit blanken Talern gefüllten Beutel. Hannes Becker begleitete ihn als Leibwächter, obwohl niemand im Wagen wissen konnte, welchen Schatz der große, dunkel gekleidete Reisende mit sich trug.

Die Sendung war bereits eingetroffen. Raiffeisen und Becker prüften das Korn. Es war von der gleichen Qualität, die sie im Kontor bestellt hatten. Der Preis war etwas niedriger als abgesprochen. „Angesichts des sozialen Zweckes, den dieser Ankauf verfolgt, haben wir so niedrig wie möglich kalkuliert", erklärte der Geschäftsführer. „Für ein Handelsunternehmen hätten wir – einen größeren Aufschlag gerechnet." Lächelnd nahm Raiffeisen zur Kenntnis, dass offenbar ein Strahl des neuen Denkens auch in die Köpfe dieser Geschäftsleute gedrungen war.

Im Morgengrauen des folgenden Tages brachen die ersten Fuhrleute auf und erreichten Weyerbusch kurz nach Mitternacht. Die Fuhren wurden in die Scheune des Vorstehers geschoben. Raiffeisen hörte nichts davon. Er schlief einen tiefen Erschöpfungsschlaf. Gleich am nächsten Morgen sollte das Korn in die Mühle von

Haselbach gebracht werden. Im Laufe des nächsten Tages trafen alle Fuhrwerke wohlbehalten in Weyerbusch ein. Das Getreide, das nicht sofort vermahlen wurde, lagerte man in leeren trockenen Räumen des Bürgermeisteramtes. Während in der Haselbacher Mühle die Körner zwischen schweren Mühlsteinen zu Mehl zerrieben wurden, machte der Bürgermeister sich von Neuem auf den Weg nach Altenkirchen.

„Musst du denn alles selber machen?" fragte Emilie. Seit Tagen hatte sie ihren Mann nur minutenweise zu Gesicht gekriegt. Todmüde fiel er abends ins Bett, und im Morgengrauen verließ er eilig wieder das Haus, kaum dass er sich Zeit für das Frühstück nahm. „Es geht um einen gerechten Brotpreis", sagte er, „darum muss ich mich schon selber kümmern."

„Du willst also weniger zahlen?" sagte sie.

„Das ist mein gutes Recht. Schließlich war ja auch der Preis des Mehles beim Großeinkauf niedriger."

Er war so fest von der Rechtmäßigkeit seiner Forderung überzeugt, dass er schon Pläne machte, wie man alle Brote zusammen von der Bäckerei nach Weyerbusch transportieren und dort durch einen Bäckergehilfen verteilen lassen könnte. Die Bezahlung sollte an ein Mitglied der Armenkommission geleistet werden. Der Bäcker in Altenkirchen sollte lediglich einen angemessenen Backlohn erhalten. Wer kein Geld besaß, dem sollte die Zahlung gegen Unterschrift gestundet werden. Der Vorgang war etwas umständlich, aber Raiffeisen wollte nicht ein zweites Mal Mehl statt Brot ausgeben. Die erste Mehlverteilung hatte sich als unrationell erwiesen. Es gab keinen Bäcker in Weyerbusch, und viele Leute besaßen keinen Backofen und hatten darum aus dem Mehl kein richtiges Brot backen können.

Auf dem Fußweg nach Altenkirchen überlegte er sich genau, was er dem Bäcker sagen wollte. Wieder ein Vorstoß gegen den Eigennutz! Wieder reden, reden, Zweifel und Misstrauen in Kauf nehmen, den eigenen Stolz überwinden! Planend und rechnend ging er seines Weges, ohne auf den Frühling ringsum zu achten.

Vor der Bäckerei in Altenkirchen stand wieder eine endlose Schlange. Obwohl Mehl angeliefert wurde, war der Brotpreis weiter angestiegen. Die Armen, die das Geld nicht aufbringen konnten, standen, um eine Brotschnitte bettelnd, an den Straßenecken.

Raiffeisen betrat die Bäckerei durch die Hintertür. Erst nachdem er sich als Bürgermeister ausgegeben hatte, bequemte sich der Lehrling, den Meister aus der Backstube zu holen.

„Ich kann mich nicht mit jedem auf Verhandlungen einlassen", entschuldigte sich dieser. „Immer wieder kommen Leute und bitten um eine Extrazuteilung, möglichst noch zu niedrigerem Preis."

„Sie machen wohl ein gutes Geschäft in dieser Zeit", sagte Raiffeisen.

„Es könnte besser sein", sagte der Meister, „leider kommt das Mehl nur spärlich herein."

„Wie ist das möglich? Auf dem Rhein liegen die vollbeladenen Getreideschiffe. Die großen Mühlen arbeiten Tag und Nacht."

Der Bäcker zwinkerte schlau. „Wir Bäcker warten mit dem Einkauf, bis auch die Konkurrenz Getreide anbietet, sonst würden die Preise noch rascher steigen."

Ekel ergriff Raiffeisen bei dem Gedanken, wie viele Menschen von der Not der anderen profitierten. Es müsste ein Gesetz geben, das lebenswichtige Güter, wie Brot, aus dem Spiel von Angebot und Nachfrage heraushält, dachte er. Allerdings müssten die Vorräte der Regierung größer sein, um in schlechten Zeiten den Brotpreis beeinflussen zu können.

Der Bäcker trat ungeduldig von einem Bein aufs andere. „Was führt Sie zu mir, Herr Bürgermeister?"

Raiffeisen gab sich einen Ruck. „Auch ich komme mit der Bitte um Sonderbehandlung", sagte er.

Das Gesicht des Bäckers verschloss sich. „Ich kann Ihnen das Brot nicht billiger abgeben, wenn Sie das wollen", sagte er, „im Nu würden andere davon erfahren, und ich müsste den Preis für alle senken."

„In unserem Fall ist der Anspruch berechtigt." Raiffeisen berichtete von dem Großeinkauf und der billigen Vermahlung. „Wir würden Ihnen einen vereinbarten Backlohn bezahlen, aber Sie müssten das Brot an die Leute von Weyerbusch billiger abgeben."

Der Meister schüttelte den Kopf. „Ich will gerne Mehl von Ihnen kaufen, aber am Brotpreis lasse ich nicht rütteln."

Raiffeisen erschrak. Sollte die Mühe der Anleihe und des Getreidekaufs vergeblich gewesen sein? Man hätte für den geliehenen Betrag Brot ankaufen und es auf Borg den Armen abgeben können, aber in diesem Fall würde der Erlös der 300 Scheffel Getreide nur knapp für die Hälfte des benötigten Brotes reichen. Die Leute von Weyerbusch und Umgebung waren auf die Bäcker von Altenkirchen angewiesen. Zwar backten die Bauern ihr Brot selber, aber den Kätnern und Tagelöhnern wurde es in guter Zeit vom Brotfahrer ins Haus gebracht. Der Bäcker hatte gut reden, er brauchte keinen Verlust an Kundschaft zu befürchten.

„Bringen Sie das Mehl", sagte er jetzt, „ich möchte nicht, dass Sie durch den voreiligen Handel zuschaden kommen."

„Wir wollten kein Geschäft machen, sondern Ihre Hilfe erbitten", sagte Raiffeisen müde. Er wusste, dass er verloren hatte.

Der Bäcker murmelte eine Entschuldigung und zog sich in seine Backstube zurück.

Raiffeisen trat wieder ins Freie und ließ sich eine Weile vom Gedränge der Brotkäufer und Bettler dahintreiben. Eigentlich hatte er vorgehabt, Emilie mit einem Geschenk zu überraschen. Nun war sein Kopf so voll mit Sorgen und Überlegungen, dass er nicht mehr daran dachte. Der rettende Gedanke kam ihm erst, als er die Kreisstadt hinter sich gelassen hatte.

„Wir backen uns unser Brot selber", sagte er laut und horchte erstaunt dem Klang seiner Stimme nach. Aber wie sollen wir das machen? Wir haben kein Gemeindebackhaus, keinen Bäcker.

Beim Mittagessen war er schweigsam. Erst als Emilie abgeräumt hatte, berichtete er von dem Misserfolg und beklagte sich bitter: „Hier steht nun das Mehl in Säcken herum und kann nicht zu Brot werden. Die Bäcker bereichern sich am Hunger der Armen. Ich mache da nicht mit, ich kann nicht! Wir haben billiges Mehl gekauft, wir wollen billiges Brot, das ist unser gutes Recht. Sonst ist die ganze Aktion umsonst gewesen. Teures Brot kaufen, das können viele eben nicht."

„Willst du nicht ein wenig ausruhen?" fragte Emilie mit einem besorgten Blick auf das abgespannte Gesicht ihres Mannes mit den geröteten, müden Augen.

„Ich muss hinaus", sagte er, „ich muss mir etwas einfallen lassen." Er machte sich auf den Weg zum Vorsteher, hielt aber nach den ersten Schritten inne und betrachtete gedankenvoll das Rasenstück, das vor dem Bürgermeisteramt neben der Straße lag. Eigentlich hatten sie hier einen Garten anlegen wollen, aber dann war es doch eine Wiese geblieben. Das Grundstück gehörte der Gemeinde. Eine kleine Backhütte fände hier leicht Platz, dachte er. Ein gemauerter Ofen, ein schmaler gedeckter Raum, für den Backgehilfen – mehr brauchte man nicht.

Er nickte. Sein Entschluss stand fest: Hier wird das Backhaus gebaut. Mit raschen Schritten setzte er seinen Weg fort.

Der Vorsteher war sofort einverstanden. „Wir haben eine ganze Schule hingestellt", sagte er, „da werden wir wohl ein Backhaus auf die Beine bringen." Verhandlungen wegen Grundstückkaufs waren in diesem Fall überflüssig. Den Bauplan und die Werkzeichnungen für die Maurer machte Raiffeisen selbst.

In der Gemeinderatssitzung, zwei Tage später, wurde der Vorschlag einstimmig angenommen. Die Bürger von Weyerbusch waren von neuem Unternehmungsgeist erfüllt. Häuser wurden frisch geweißt, Dachstühle ausgebessert, neue Scheunen errichtet. „Und jetzt bauen wir ein neues Backhaus", triumphierten die Leute.

Einen Tag nach der Sitzung steckte Raiffeisen den Baugrund ab. Die Arbeiter begannen mit dem Ausschachten des Bodens. Das Backhaus sollte fünf Meter lang und drei Meter breit werden. Raiffeisen errechnete die Wölbung und informierte sich bei Backofenbesitzern über die besten Verhältnisse für Rauchabzug und Isolierung. In der zweiten Woche wurde das Dach aufgesetzt. Die Mauer zwischen dem Fachwerk erhielt einen weißen Anstrich. Schmuck und sauber stand das neue Backhaus vor dem Bürgermeisteramt.

Raiffeisen hatte in Hamm einen arbeitslosen Backgehilfen ausfindig gemacht, der die Stelle sofort antreten konnte. Ein paar Tage lang musste das Gemäuer bei kleinem Feuer trocknen, dann konnte das erste Brot gebacken werden. Dunkelbraun und glänzend hob der Gehilfe es aus dem Ofen und überreichte es dem Bürgermeister, der den noch warmen Laib anschnitt und die Schnitten an die Kinder verteilte. Dann begann die Ausgabe gegen Geld oder Unterschrift. Als die Frauen das erste Brot in Empfang nahmen, flossen Tränen der Freude.

Auch weiterhin fand die Brotausgabe im Bürgermeisteramt statt. Über jeden Laib Brot wurde genaue Rechnung geführt. Lehrer Weiher führte die Kartei. Bis acht Uhr morgens die Schule anfing, musste das Brot ausgegeben und verrechnet sein. Raiffeisen schlug vor, zweierlei Brotpreise einzuführen. „Den normalen Preis können wir ohnehin niedriger halten als der Bäcker in Altenkirchen", sagte er. „Für die armen Leute, die das Brot auf Borg nehmen müssen, setzen wir einfach davon die Hälfte fest."

Nach einem Monat legte der Lehrer die Abrechnung vor. Es stellte sich heraus, dass nach Abzug des Mehlpreises und des Lohnes für den Backgehilfen ein Überschuss blieb, aus dem den 60 Anleihezeichnern die Zinsen gezahlt werden konnten. Sogar danach blieb noch eine kleine Rücklage für den Fall, dass einige Familien nach einem halben Jahr nicht imstande sein sollten, ihre Brotschulden zu bezahlen.

Die Kunde von dem niedrigen Brotpreis verbreitete sich rasch. In Altenkirchen gab es einen Aufruhr. Man sprach davon, dem Beispiel des Bürgermeisters von Weyerbusch zu folgen. Die Leute schlossen sich zu Bünden zusammen. Die Angst vor weiteren Brotvereinen bewog die Bäcker, ihre Preise zu senken.

Mit dem steigenden Jahr gab es wieder Arbeit und Verdienst für die Armen. Die Wiesen und Weiden grünten und gaben dem ausgehungerten Vieh Futter. Wie in jedem Jahr bestellten die Bauern ihre Äcker und dachten nicht an den kommenden Winter. Raiffeisen konnte ihre Sorglosigkeit nicht teilen. Auf einer seiner Inspektionsrunden fiel ihm auf, dass ein Bauer nur einen Teil seiner Äcker gepflügt hatte und das Übrige brachliegen ließ.

Er rief ihn zu sich heran. „Warum pflügst Du nicht alle Äcker? Wozu so viel Brachland?"

„Was soll ich darauf anbauen?" sagte der Mann, „ich habe keine Kartoffeln, kein Saatgut mehr. In der Notzeit haben wir fast alles aufgegessen."

„Aber wir brauchen eine gute Ernte", sagte Raiffeisen, „sonst stehen wir im nächsten Winter genauso da wie im letzten."

„Im ganzen Westerwald kann man kein Pfund Saatkartoffeln kaufen", sagte der Bauer.

Raiffeisen ging von Hof zu Hof und bekam immer die gleiche Antwort: kein Saatgut, alles aufgegessen! Genauso war es auch in den anderen Jahren gewesen. Man hatte sich damit abgefunden und wirtschaftete von der Hand in den Mund. Auf ein Hungerjahr folgten ein paar magere Jahre, das war die Regel. Niemand kam auf den Gedanken, sie zu durchbrechen und über die Grenzen des Dorfes hinaus nach Abhilfe zu suchen.

Der Brotverein hatte eine neue Getreidebestellung aufgegeben. Nachdem die erste Lieferung prompt bar bezahlt worden war, hatte Raiffeisen bei der Firma Kredit und musste nicht mehr selbst nach Köln fahren, um neue Abschlüsse zu tätigen. Wiederum wurde die Lieferung in Linz übernommen und bar bezahlt. Einen ganzen Tag lang knarrten die Fuhrwerke über die Straßen des Westerwaldes. Aus dem mitgesandten Angebot der Firma erfuhr Raiffeisen zu seiner Überraschung, dass in diesem Jahr der Reis aus Übersee billiger war als das einheimische Getreide. Auf die dritte Bestellung setzte er einen Posten von 5 Ballen Javareis zum Preis von 86 Talern, 20 Silbergroschen, 9 Pfennigen. Der Brotverein teilte auch diese Nahrungsmittel an die Armen aus. Zum Ankauf von Saatgut reichte das geliehene Geld nicht.

Wieder einmal stand Raiffeisen vor einem scheinbar nicht zu lösenden Problem. Diesmal war es der ehemalige Bauer Penkhoff, der ihn auf eine unerschlossene Geldquelle hinwies. Den ganzen Winter über hatte er in den Waldungen gearbeitet, die in der ersten allgemeinen Grundaufteilung der Zwanzigerjahre zu Gemeindebesitz erklärt worden waren.

In den Holznutzungsrechten war festgelegt, wie viel jährlich jeder Bauer für den eigenen Bedarf aus dem Gemeindewald schlagen durfte. Diese Nutzung geschah leider häufig zu Schaden des Waldes. Die Bauern schlugen sich ihren Bedarf heraus, wo es für sie am günstigsten und bequemsten war. In abgelegenen Waldungen blieb überfälliges Holz einfach stehen. Die Nachpflanzungsverpflichtung wurde von vielen nicht eingehalten. Wildes Gebüsch überwucherte die Kahlschläge. „Ein Sachverständiger sollte die Holznutzung vergeben", sagte Penkhoff, „dann könnte die Gemeinde einen guten Ertrag aus den Waldungen ziehen". Einen ganzen Tag lang schritt Raiffeisen mit Penkhoff die Wälder ab. Er sah den gesunden heranwachsenden Jungwald, aber auch die unbepflanzt gebliebenen Schläge und die alten, allzu dicht wuchernden Wälder. „Die sind schon seit Jahren reif zum Einschlag", sagte Penkhoff. „Am Rhein wird starkes Holz für Mastbäume und Schiffsbau gebraucht. Der Verkauf könnte der Gemeinde viel Geld einbringen."

„Du weißt gut Bescheid über die Pflege des Waldes", sagte Raiffeisen, „wo hast Du das gelernt?" Es stellte sich heraus, dass Penkhoff in seiner Jugend die Forstschule in Siegen besucht hatte. Ein selbst verschuldeter Unfall hatte dieser Laufbahn ein Ende gesetzt. Er war nach Hause zurückgekehrt, um das Anwesen seiner Eltern zu übernehmen.

„Dann haben wir ja bereits unseren neuen Waldaufseher!" Raiffeisen streckte die Hand aus und Penkhoff schlug freudig ein.

Bei der nächsten Ortsvorstehersitzung malte der Bürgermeister die Folgen des Saatgutmangels in den düstersten Farben. „Ein neues Hungerjahr steht uns bevor, wenn wir nicht rechtzeitig vorsorgen. Jedes Stück Land muss bebaut werden." Er legte den Vorstehern eine Ausgabe des „Rheinischen Merkur" vor, in der von einem großen Angebot an Saatkartoffeln aus dem Nassauischen berichtet wurde. „Und wo soll das Geld herkommen?" Immer wieder die gleiche Frage, auf die Raiffeisen diesmal eine neue Antwort wusste. Er wies auf den Zustand der Gemeindewaldungen hin. „Der Erlös aus dem Holzeinschlag reicht für eine Anleihe zum Kauf von Saatkartoffeln. Zur Erntezeit fließen die Gelder wieder an die Gemeinde zurück."

„Bis das Holz geschlagen und verkauft ist, wird es für das Setzen der Kartoffeln zu spät sein."

„Dafür habe ich vorgesorgt", sagte Raiffeisen. „Ich leihe das Geld. Ihr müsst nur zustimmen, dass der Gemeindewald als Bürgschaft gelten darf."

Der Vorschlag wurde einstimmig angenommen, und nun war wieder eine Reise fällig – die Fahrt nach Wiesbaden zum Ankauf der Saatkartoffeln.

Als Raiffeisen den Kutschwagen des Vorstehers bestellte, traf ihn ein vorwurfsvoller Blick seiner Frau. „Ich bin schnell zurück", sagte er. „In vier Tagen sind die Kartoffeln in Weyerbusch."

„Ich hatte mir unser Leben ein wenig anders vorgestellt", sagte sie traurig. „Seit Tagen warte ich auf die Gelegenheit, dir etwas zu sagen, was nur uns beide angeht. Aber abends, wenn du heimkommst, hast du den Kopf voller Gemeindesorgen. Für uns bleibt kaum eine Minute."

Er zog sie an den Schultern nahe zu sich und sah ihr in die Augen „Verzeih, Emilie, was ist es, was du mir sagen wolltest? – Wieder ein Kind?“ Sie nickte, und er hielt sie eine Weile fest an sich gedrückt. Als sie sich löste, zog er den Reisemantel aus und hängte ihn in den Schrank. Erschrocken protestierte sie: „Du kannst die Reise jetzt nicht mehr absagen. Der Wagen wird gleich vorfahren.“

„Dieser Tag wird uns beiden gehören“, sagte er. „Ich reise morgen.“

„Fahr doch“, bat sie, „verzeih mir die dumme Bemerkung. Ich will dich nicht belasten.“

„Die Kartoffeln können einen Tag warten“, sagte er fröhlich. „Du bist wichtiger. Was könnte ich ohne dich tun.“

Er ging zum Wagen hinunter, der eben vorgefahren war. „Ich kann erst morgen reisen“, sagte er zu dem Kutscher, „bitte richte dem Vorsteher aus, ich hätte etwas Wichtiges vergessen.“

Als er zu Emilie zurückkehrte, war ihr Gesicht gelöst und glücklich. „Ein ganzer Tag für uns beide? Das ist wie ein neuer Hochzeitstag.“

Nach dem Essen spielte Raiffeisen mit seinem Töchterchen, das laut aufjauchzte, als er es hochwarf und in seinen Armen auffing. Es war ein klarer, sonniger Tag. Die Fenster zum Garten hinaus standen weit offen. Schwalben durchschnitten mit sirrendem Schrei die Luft. An diesem Nachmittag genossen die Leute von Weyerbusch den seltenen Anblick ihres Bürgermeisters auf Familienspaziergang, und da war keiner, der der jungen Frau, die so oft hinter den Ansprüchen der Gemeinde zurücktreten musste, diesen Ausflug missgönnt hätte. Ruhig plaudernd gingen sie mit der kleinen Amalie die Feldwege entlang.

„Pfarrers Lisbeth heiratet im Mai", erzählte Frau Raiffeisen.

Er dachte an den Morgen, als das Mädchen ihn mit der liegen gebliebenen Mappe überraschte, an ihre Verwirrung, seine Verlegenheit, an die bunten Sträuße, die sie ihm aufs Zimmer gestellt hatte. Emilie wusste davon nichts und sollte es auch nicht erfahren.

„Ich wünsche ihr einen guten Ehemann", sagte er, „einen besseren, als du hast."

Am Abend saßen sie noch lange beieinander und machten Pläne für das kommende Kind.

Am nächsten Morgen reiste Raiffeisen an den Rhein hinunter und am zweiten den Strom aufwärts bis Wiesbaden. Auf dem Landwirtschaftlichen Markt hielt er Ausschau nach guten Pflanzkartoffeln. Das Jahr war schon reichlich weit fortgeschritten für den Kartoffelanbau, aber in Anbetracht des rauen Frühlings im Westerwald konnte es nichts schaden, die Kartoffeln erst Ende April zu setzen. Es gelang ihm, durch Erwähnung seines Amtes, einen Händler zu finden, der bereit war, die Kartoffeln nach Altenkirchen zu befördern und erst dort die Bezahlung in Empfang zu nehmen.

Vier Tage später wurden in Altenkirchen 33 000 Pfund Kartoffeln auf die wartenden Wagen nach Weyerbusch umgeladen. Der Brotverein übernahm die Verteilung vor dem Bürgermeisteramt. Von allen Seiten rumpelten die Karren heran. Es herrschte ein Betrieb wie auf dem Markt. Zufrieden kehrten die Bauern mit ihrer Ladung heim. Wer bezahlen konnte, fand die Ware erstaunlich billig, trotz des weiten Transports. Wer kein Geld mehr besaß, dem wurde die Zahlung bis zur Ernte gestundet. „Unser Bürgermeister gräbt den Wucherern das Wasser ab", sagten die Leute. Die Pflüge zogen Furchen durch die brachliegenden Felder, und Frauen und Kinder legten Kartoffeln in die warme, feuchte Erde. In diesem Jahr blieb kein Stück Acker unbebaut.

Anerkennung und neue Aufgaben

Der Sommer des Jahres 1847 heilte die Wunden des Hungerwinters. Die verspätet gesetzten Kartoffeln gediehen prächtig. Die Tagelöhner rüsteten sich zur Holzarbeit in den Wäldern. Die Jahreszeit war dafür ungewöhnlich, aber Raiffeisen hatte es eilig. Er beantragte eine Sondergenehmigung beim Forstamt von Altenkirchen. Der Forstrat erschien höchstpersönlich in Weyerbusch, um seine Bedenken anzumelden. „Als Landbewohner müssten Sie doch wissen, dass die Bäume gerade jetzt im schönsten Saft stehen und das Holz nur langsam austrocknet."

„Das weiß ich wohl", sagte Raiffeisen, „aber kommen Sie mit, und sehen sich unsere Wälder selbst an. Das wird manche Erklärung ersparen." Ein wenig misstrauisch willigte der Gast ein. Er fürchtete eine Überrumpelung. Man sprach in Altenkirchen über die Eigenwilligkeit des Bürgermeisters von Weyerbusch. Mit dem festen Vorsatz, auf der Hut zu sein, drückte der würdige Herr mit Vollbart seine Zigarre aus und machte sich mit Raiffeisen auf den Weg.

Als sie zwischen den Äckern waldwärts gingen, konnte er sein Erstaunen über die geschlossene Bebauung nicht verhehlen. „Ich bin auf meiner Fahrt durch Gemeinden gekommen, in denen ein Viertel bis die Hälfte der Äcker brachlagen", sagte er. „Überall fehlt es an Saatgut."

Mit dieser Frage hatte Raiffeisen gerechnet und nicht ohne Bedacht den Gast über den Feldweg geführt.

„Auch die Bauern von Weyerbusch haben im letzten Hungerwinter ihr Saatgut angebrochen", sagte er. „Deshalb haben wir im Vorfrühling von weither Saatgetreide und Setzkartoffeln zur Bebauung aller Äcker gekauft."

„Wie konnten Sie die hohen Preise aufbringen?" erkundigte sich der Forstrat. „Hier oben hat doch kein Mensch Geld übrig."

„Ich habe eine Anleihe aufgenommen", erklärte Raiffeisen. „Die Gemeinde hat dafür gebürgt. Der Besitz der großen Wälder machte sie kreditwürdig."

Ein Lächeln breitete sich auf dem Gesicht des Forstrats aus. „Aha", sagte er, „deshalb wollen Sie plötzlich Holz schlagen."

„Wir haben das Geld von der Bank nur für wenige Monate erhalten", fuhr Raiffeisen fort. „Danach muss die Gemeinde zurückzahlen. Dazu braucht sie Geld, flüssiges Geld vom Erlös des Holzes."

„Immerhin ist der Gemeindewald behördliches Besitztum", gab der Forstrat zu bedenken. „Sind Sie sicher, dass alle Bauern ihre Schulden abzahlen können?"

„Sie haben die kommende Ernte durch Vertrag und Unterschrift als Pfand eingesetzt", sagte Raiffeisen. „Die Gemeinde wird keinen Taler verlieren, wenn auch Sie, Herr Forstrat, unsere große, aber arme Gemeinde nicht im Stich lassen."

„Sie haben mich ganz schön eingekreist." Der alte Herr ergriff Raiffeisen an den Schultern und schüttelte ihn. „Irgendwie imponiert mir Ihre Art, auf eigenen Entschluss Maßnahmen zu ergreifen, ohne auf fremde Hilfe zu warten."

Inzwischen waren sie in den grünen Schatten des Waldes getreten und gingen zwischen 100-jährigen Stämmen dahin. Die alten Bäume grünten nur noch an den höchsten Wipfeln. Der Boden an den Steilhängen war schotterig und trocken. Wenn die geschlagenen Stämme sofort entrindet wurden, konnte man sie noch im Sommer abtransportieren.

Penkhoff erwartete sie am verabredeten Punkt und führte sie zu abgelegenen Plätzen mit schlagreifem Baumbestand und zu den mit Buschwerk überwucherten Lichtungen.

Betroffen registrierte der Forstrat, was alles an Pflege und Neupflanzung versäumt worden war, und es klang fast wie eine Entschuldigung, als er sagte: „Wir haben zu wenige Forstleute, sonst könnte so etwas nicht passieren."

Plötzlich wandte er sich Penkhoff zu und sagte: „Sie scheinen allerhand von Waldpflege zu verstehen. Ich werde in Altenkirchen vorschlagen, dass man Sie in den Forstdienst übernimmt, einverstanden?" Penkhoff und Raiffeisen tauschten einen raschen Blick.

„Also gut", sagte der Forstrat, als sie in die Amtsstube zurückgekehrt waren, „ich gebe meine Zustimmung zu dem Holzschlag, aber eines interessiert mich: Haben Sie dem Landrat von der Bürgschaft der Gemeinde berichtet?"

Raiffeisen fühlte sich etwas unbehaglich unter seinem scharfen Blick. Immer noch litt er unter der Auseinandersetzung mit dem Landrat wegen der Mehllieferung. Er hatte zwar nichts mehr von der Sache gehört – im Gegenteil, aus Koblenz war die Ernennung des Supernumerars zum Bürgermeister von Weyerbusch eingetroffen, und der Landrat hatte das Dekret mit amtlichen Glückwünschen weitergeleitet –, aber in seinen Berichten für Altenkirchen äußerte Raiffeisen sich seither nur sparsam über seine Pläne und Maßnahmen.

„Ich werde dem Landrat berichten, wenn unser Unternehmen abgeschlossen ist", antwortete er kurz.

„Sie haben Mut!" sagte der Forstrat, mit einer Miene, die sowohl Befremden als Anerkennung ausdrücken konnte. Mit gemischten Gefühlen begleitete Raiffeisen ihn zur Tür. Würde der alte Herr in Altenkirchen gleich ausposaunen, was er hier gesehen und gehört hatte? Das könnte dem begonnenen Werk schaden, es sei denn, er ergriffe offen Raiffeisens Partei.

Es blieb nicht viel Zeit, sich mit diesen Fragen zu beschäftigen. Der Brotverein machte ihm Sorgen. Es sah so aus, als können die Ausgaben für Mehl, Heizung des Backofens und Entlohnung des Gehilfen bald nicht mehr gedeckt werden. Die Einnahmen gingen mehr und mehr zurück. Die Leute gewöhnten sich daran, Brot auf Borg zu beziehen. Auf keinen Fall wollte Raiffeisen den Brotpreis für die Zahlenden erhöhen. Bei der nächsten Monatsversammlung mußte er in den sauren Apfel beißen und die Mitglieder der Kommission um eine Erhöhung der Anleihe bitten.

„Manche Leute vertragen es nicht, daß ihnen geholfen wird", murrten die Vorsteher. „Der Verdienst wird in Branntwein umgesetzt. Der Kaffee aus gebranntem Roggen ist ihnen nicht mehr gut genug, es muß der teure Bohnenkaffee aus Altenkirchen sein. Die Brotschulden können ja warten."

Gewiß waren es nur Einzelne, auf die solche Vorwürfe zutrafen, aber sie genügten, eine Atmosphäre der Bitterkeit zu schaffen, in der die bisherigen Geldgeber es ablehnten, ihr Geld weiter bei der Armenkommission liegen zu lassen. Dadurch wurde die ganze Sache gefährdet.

Im Hin und Her der Diskussion erkannte der Bürgermeister, dass Wohltätigkeit allein nicht genügt, die Verhältnisse dauerhaft zu verbessern. Die Leute mussten zur Selbsthilfe erzogen werden. „Wir dürfen unsere Arbeit nicht hinwerfen, weil einige der Armen uns enttäuscht haben", beschwor er die Versammelten. „Wir wollen ihnen Zeit geben. Erziehung zur Selbsthilfe kann nicht von heute auf morgen Frucht bringen. Wir dürfen sie nicht aus den Augen lassen, aber gleichzeitig unsere Hilfe nicht zurückziehen." Es gelang ihm noch einmal, die Mitglieder des Brotvereins von der Notwendigkeit zu überzeugen, die Arbeit bis in den Sommer hinein fortzusetzen. Er stellte eine Liste jener Familien zusammen, in denen der Mann wieder Arbeit gefunden hatte und verdiente. Von diesen Familien verlangte er, dass die Bezahlung des lebenswichtigen Brotes an die erste Stelle der Ausgabenliste gesetzt werde. Außerdem sollte jede Woche ein Teil der Schulden aus früherer Zeit abbezahlt werden. Schuldnern, die diese Forderungen nicht erfüllten, wurde die Brotzuteilung gesperrt. Hier und da gab es böses Blut. Bemerkungen wie: „Jetzt ist unser Bürgermeister auch unter die Ausbeuter gegangen!"

wurden laut. Aber die Einnahmen des Backhauses stiegen. Der Brotverein blieb zusammen.

Im August stellte das Backhaus die Arbeit ein. Die Leute konnten ihr Brot wieder einkaufen, wo sie es in normalen Zeiten gekauft hatten. Der Brotfahrer fuhr auf die Dörfer, die Bauern backten nach dem ersten Drusch im eigenen Backhaus.

Zum letzten Mal rief Raiffeisen die Mitglieder der Armenkommission zusammen. Der Rendant, Lehrer Weiher, verkündete: „Eure Anleihen können jetzt, nach einem halben Jahr, in vollem Umfang zurückgezahlt werden. Es stehen noch kleinere Beträge aus, aber sie sind durch den Ertrag aus dem Backhaus abgedeckt. Bei einigen bedürftigen Familien kann sich die Rückzahlung noch eine Weile hinziehen. Ein Betrag von rund 30 Talern steht als Überschuss zu Buch. Es wird vorgeschlagen, diesen Betrag dem Bürgermeister zu übergeben, damit eine kleine Rücklage für Notfälle vorhanden ist."

Raiffeisen verbarg seinen Triumph. Er wusste, dass mancher in der Runde sich jetzt seines Zweifels schämte. Er nahm die Kasse aus dem Schrank und zahlte jedem Mitglied den geliehenen Betrag zurück. Auch ohne weitere Erläuterung begriff wohl jeder, wie viel Gutes die rechte Verwendung des ruhenden Geldes gestiftet hatte. „Die Ernte dieses Jahres ist gut", sagte er. „Wir dürfen hoffen, dass die Gemeinde im nächsten Winter keinen Hunger leiden muss. Aber ich bitte Euch alle: Verschließt Euch nicht, wenn ich wieder an Euer Vertrauen appellieren muss."

Auf den Äckern schnitten die Bauern das reife Sommerkorn. Hochbeladene Erntewagen schwankten durch die Dorfstraße. Die Frauen der Tagelöhner hackten ein letztes Mal die Zeilen der üppig stehenden Kartoffelpflanzen durch. In diesem Jahr trug jeder Acker Frucht. Handgreifliche Erfolge hatten eine Bresche in den bäuerlichen Fatalismus geschlagen. Vielen dämmerte die Erkenntnis, dass die Armut nicht das unausweichliche Joch war, unter das sich Generationen geduckt hatten – nicht Schicksal, sondern die Folge falschen Denkens und erstarrter Verhältnisse.

Raiffeisen hatte inzwischen die Abrechnung über die Regierungshilfe von 150 Scheffeln Mehl abschließen und den Betrag überweisen können. Alle hatten das im Januar auf Borg übergebene Brotmehl bezahlt. Eine geringe Schuld, die nicht mehr einzutreiben war, zahlte der Bürgermeister stillschweigend aus eigener Tasche. Die Quittung lag wohlverwahrt im Kassenschrank des Bürgermeisteramtes.

Eines Tages überbrachte der Gemeindebote ein Schreiben des Landratsamtes: „... und werden Sie aufgefordert, am 5. September im Landratsamt zu erscheinen." Raiffeisen fing an, sein amtliches Gewissen zu durchforschen. Hatte er wieder etwas falsch gemacht? Es musste sich um eine wichtige Angelegenheit handeln, denn Kleinigkeiten wie unvollständige Berichte, unerhebliche Unterlassung wurden vom Landrat unverzüglich schriftlich geahndet.

„Wahrscheinlich wollen sie mir wieder den Kopf waschen", sagte er zu Emilie. „Hast du Lust mitzufahren?" „Vielleicht ist jetzt erst der Verweis der Regierung eingetroffen", meinte sie bedrückt, „die Mühlen der Behörden mahlen langsam."

„Der Erfolg spricht für mich – und auch die Bürger von Weyerbusch. Schade, dass ich die Armen nicht alle auf einen Wagen laden und im Landratsamt vorführen kann." Blass und bedrückt saß die junge Frau neben ihm im Wagen.

„Du machst ein Gesicht, als ginge es zu meiner Verurteilung", scherzte er.

Sie lächelte mühsam. „Lass mich, ich komme erst zur Ruhe, wenn alles gut gegangen ist."

Gemächlich trabte das braune Kutschpferd die Straße entlang. Auf den Wiesen arbeiteten die Bauern in der zweiten Heuernte dieses Sommers. Immer wieder streifte Raiffeisen mit besorgtem Blick das angestrengte Gesicht seiner Frau. Sie war von Angst um seine Stellung gequält. Unmut gegen die Behörden ergriff ihn. Ich habe das Richtige getan, sagte er sich, der Beweis liegt auf der Hand. Was wollen sie von mir?"

„Mach dir keine Sorgen", sagte er, als sie sich vor dem Portal des Landratsamtes trennten. Sie wollte einige Einkäufe machen. Allein stieg er die Treppe empor. Bei seinem Eintritt erhob sich der Landrat und kam ihm mit ausgestreckten Händen entgegen.

„Wir haben uns lange nicht gesehen, Herr Bürgermeister. Wann war doch das letzte Mal?"

„Am 31. Januar dieses Jahres", sagte Raiffeisen rasch. Das Datum hatte sich tief in sein Gedächtnis graviert.

„Ach ja, ich erinnere mich – die Sache mit der Regierungshilfe. Inzwischen ist Ihre Abrechnung eingetroffen. Aber auch sonst hat sich in Weyerbusch manches ereignet."

„Die Lage ist besser als im Winter", sagte Raiffeisen zurückhaltend, „aber das gilt wohl für alle Gemeinden des Landkreises."

„Nicht in dem Maße wie in Weyerbusch", widersprach der Landrat. „Ich habe die Berichte studiert und verglichen. Die Armenkommission und der Brotverein haben sich zum Segen Ihrer Gemeinde bewährt, dank Ihrer organisatorischen Leistung."

„Ohne die anderen hätte ich nichts ausrichten können", widersprach Raiffeisen. „Die Leute von Weyerbusch haben mitgemacht. Es war eine Gemeinschaftsleistung."

Der Landrat bot ihm einen Stuhl an. „Bei der Beschaffung des Saatgutes haben Sie sogar persönliche Schuldverpflichtungen übernommen", sagte er beiläufig.

Betroffen horchte Raiffeisen auf. Tatsächlich hatte er durch die Vermittlung seines Onkels, des Hofrats Lantzendörffer, in Koblenz eine größere Summe privat ausgeliehen, um die Bürgschaft der Gemeinde abzukürzen und neue Schwierigkeiten mit der Behörde zu vermeiden. Hatte der Onkel nicht dichtgehalten?

„Woher wissen Sie das", fragte er verstimmt.

„Ich weiß es eben", sagte der Landrat. „Ihre Aktion hat sich jedenfalls so gut bewährt, dass sie im nächsten Jahr bei Saatgutmangel in jeder Gemeinde meines Kreises angewandt werden soll. Wir sind aber der Meinung, dass wir Ihnen persönliche Schulden zur Durchführung einer öffentlichen Maßnahme nicht zumuten dürfen. Die Regierung in Koblenz hat auf meinen Antrag hin Ihrer Gemeinde eine Anleihe aus Regierungsmitteln bewilligt."

Freudige Überraschung trieb Raiffeisen von seinem Stuhl hoch „Herr Landrat, das ..."

„... ist noch nicht alles", unterbrach ihn der Beamte schmunzelnd. Er griff nach einem Schreiben, das auf dem Schreibtisch bereit lag. „Hiermit überreiche ich Ihnen die offizielle Belobigung und Anerkennung des Landratsamtes."

Raiffeisen blickte auf das Blatt Papier. Die Buchstaben tanzten vor seinen Augen. Nur mit Mühe begriff er den Sinn dessen, was der Landrat ihm nun sagte: „Sie wären jederzeit fähig, ein größeres Verwaltungsgebiet zu übernehmen. Ich hoffe, Sie sind einverstanden, wenn ich das für die Zukunft im Auge behalte."

„Daran habe im noch nicht gedacht", sagte Raiffeisen nach einer nachdenklichen Pause. „In Weyerbusch ist noch vieles zu tun."

Als er die Tür der Wirtsstube öffnete, in der Emilie auf ihn wartete, fiel ihm auf, wie grau sie aussah, wie mühsam sie auf dem Stuhl saß. Sie wandte ihm fragende Augen zu. „Was ist passiert?"

„Nur Gutes." Er reichte ihr das Schreiben: „Lies selber!" Ihr Gesicht hellte sich auf, während sie las. Sie tat einen Seufzer der Erleichterung. „Gott sei Dank, man wird uns nicht aus Weyerbusch vertreiben."

„Das ist nicht so sicher", sagte Raiffeisen lächelnd. „Der Landrat meint, ich sei imstande, einem größeren Verwaltungsgebiet vorzustehen."

„Das darfst du nicht annehmen", sagte sie heftig. „Unsere Kinder sollen alle an einem Ort geboren werden. Wir wollen nicht wie die Zigeuner herumziehen."

„Wie viele Kinder willst du denn noch haben?" scherzte er. Sie versuchte, ihre Heftigkeit zurückzunehmen, aber ihre Stimme zitterte, als sie sagte: „Bald werden es zwei sein, die in Weyerbusch geboren sind. Das soll doch ihre Heimat bleiben, meinst du nicht?"

„Der Landrat wird's nicht so ernst gemeint haben", sagte er leichthin. „Wahrscheinlich wollte er mir nur etwas Gutes sagen."

Auf der Heimfahrt spürte er immer wieder ihren bangen Blick auf sich ruhen, aber sie fragte nicht mehr, und auch er vermied das Thema und schob auch die Gedanken daran zurück.

In Weyerbusch lief alles wieder im normalen Geleise. Der Verkauf der Stämme als Mastbäume an eine Schiffsreederei hatte der Gemeinde einen geringen Überschuss in der Bilanz eingebracht. Die Anleihe der Regierungskasse konnte zurückgezahlt werden. Aber die Geldnot der Tagelöhner, Kätner und Kleinbauern war immer noch nicht überwunden. Viele Gehöfte standen beim Wucherer tief in der Kreide. Meistens erfuhr der Bürgermeister erst davon, wenn der Hof zur Versteigerung ausgeschrieben wurde. Dann war es für eine wirksame Hilfe ohnehin zu spät.

Im Januar des Jahres 1848 erhielt Raiffeisen eine vertrauliche Anfrage des Landrats, ob er bereit sei, seinen Posten mit einem anderen zu vertauschen, der einen größeren Wirkungsbereich umfasse.

Unentschlossen legte er das Schreiben beiseite und wartete eine Weile, ehe er Emilie einweihte.

Sie erschrak sichtlich. „Hast du schon wieder Pläne?", fragte sie. „Wir haben uns doch so gut eingelebt hier."

Sie hatte offenbar begriffen, schneller als er, dass ein Neubeginn mit größeren Aufgaben ihn reizte. In Weyerbusch konnte auch ein anderer weiterführen, was er begonnen hatte.

„Ich werde nichts unternehmen, ehe du einverstanden bist", versicherte er eifrig. Sie setzte zu einer Entgegnung an, schwieg dann doch und wandte sich ab, damit er ihr Gesicht nicht sähe. Sie wusste, dass er es nicht ertrug, in seiner Bewegungsfreiheit beeinträchtigt zu sein. Sie durfte ihm nicht im Weg stehen.

Langsam kamen ihr die Kräfte zurück. „Ich halte dich nicht in Weyerbusch", sagte sie zu ihrem Mann, „entschließe dich, wie es dir richtig erscheint."

Im März kam das Dekret des Landratsamtes: „... und werden Sie mit dem 1. April 1848 als Amtsbürgermeister in die Marktgemeinde Flammersfeld im Westerwald versetzt ..."

Aufgeregt stürmte er damit in die Küche. „Du ziehst viel näher an den Rhein. Deine Eltern können dich öfter besuchen."

„Das soll nicht das Wichtigste sein. Was spricht sonst noch für Flammersfeld?"

„Es liegt an der Straße von Weyerbusch nach Neustadt. Ich kann von dort aus die Straße weiterbauen."

Sie lächelte. Das sah ihm ähnlich. Kaum wusste er von seiner Versetzung, da fing er schon wieder an, Pläne zu machen, Straßen zu bauen.

„Gut", sagte sie, „also Flammersfeld."

Noch einmal kamen die Eltern nach Weyerbusch. Sie brachten aufregende Nachrichten aus den Städten am Rhein. Neues bereitete sich vor. Die Bürgerjugend, die Studenten rebellierten gegen die autoritäre Herrschaft in den Kleinstaaten. Auch in Preußen blieb es nicht ruhig. Der Ruf nach einem Bund aller deutschen Länder wollte nicht mehr verstummen. Auf offener Straße kam es zu Auseinandersetzungen und Kämpfen.

In Weyerbusch spürte man nichts davon. Die Zeitungen brachten verspätete, von der Zensur verstümmelte Berichte. Die Erzählungen des Apothekers öffneten ein Fenster zu der Welt, die bisher hinter den Sorgen und Pflichten des Amtes zurückgetreten war. In erregten Diskussionen legte Raiffeisen seinen Standpunkt dar. Er hatte das Hemmnis der alten erstarrten Ordnung am eigenen Leib erfahren und stand auf der Seite des Neuen, das sich anbahnte, aber seiner Natur nach gehörte er zu denen, die aufbauen wollen. Zerstörung und Chaos, auch als Übergang, war ihm in der Seele zuwider.

„Die Anarchie steht immer in der Gefahr, härtere Herrschaftsformen als die bestehenden heraufzubeschwören", sagte er. „Ich kann nichts anderes tun als das, was mein Gewissen mir vorschreibt. Wenn ich dabei mit den Behörden zusammenstoße, muss ich es darauf ankommen lassen."

So klärte er in Gesprächen seine Position gegenüber den Entwicklungen dieser Zeit. Obwohl seine Ideen revolutionäre Tendenzen hatten, war er doch selbst kein Revolutionär. Er glaubte nicht an Negation und Umsturz des Bestehenden, sondern an eine langsame Verwirklichung der Gottesordnung nach Maßgabe des an der Heiligen Schrift geschärften individuellen Gewissens. Philosophische und theologische Erörterungen waren nicht seine Sache. Er folgte ihnen, beteiligte sich auch, aber das Schöpferische seines Wesens entzündete sich am praktischen Anlass, am direkten Notstand. Hierzu erfand er die geeigneten Maßnahmen. Was er als richtig erkannt hatte, verfolgte er ohne Rücksicht auf seine Person und Karriere. Der Gott der Kirche, sein Wort in der Bibel blieben ihm für alles, was er tat, oberste Instanz.

An einem kalten Märzmorgen machte er sich allein und zu Fuß auf den Weg in seinen neuen Amtssitz. Wie in Weyerbusch, so wollte er auch in Flammersfeld seine ersten Erfahrungen als ein Unbekannter machen.

Der Ostwind trieb Wolkengebirge über den milchig weißen Morgenhimmel über den Wäldern im Osten verbreitete sich der Glanz der aufgehenden Sonne. Strahlenbündel schossen zwischen dem Wolkentreiben auf das hüglige Land, erweckten Farben zum Leben, das Rot der Ziegeldächer, das vergilbte Grün der Wiesen. Ein Bauer rief ihn an: „So früh unterwegs, Herr Bürgermeister?"

„Wer weit kommen will, muss früh aufbrechen!" Raiffeisen wollte das Ziel seiner Wanderung nicht verraten. Die Leute von Weyerbusch sollten von dem bevorstehenden Wechsel noch nichts erfahren.

„Wenn der Ostwind nachlässt, könnte es noch einmal schneien", sagte der Bauer. „Hinter Güldenberg ist die Gemeinde Weyerbusch zu Ende. Seid Ihr schon einmal so weit draußen gewesen?"

„Die Straße hat kein Ende, auch nicht hinter Güldenberg."

„Kommt gut zurück", rief ihm der Bauer nach, „was wäre Weyerbusch ohne Euch?"

Hinter Güldenberg sah Raiffeisen die Grenzsteine, die die Gemarkungen der beiden Gemeinden voneinander trennten. Sie waren fast in der Erde versunken. Nur der aufmerksame Wanderer konnte sie wahrnehmen. Meine neue Gemeinde! dachte er im Vorübergehen, meine neue Arbeit!

Die Dörfer, die er jetzt durchschritt, waren ihm unbekannt: Giershausen, Schürdt, Krämgen. Als er zwischen die Häuser von Flammersfeld trat, fragte er, wie damals in Weyerbusch, nach dem Haus des Bürgermeisters.

„Wir haben jetzt keinen Bürgermeister", war die Antwort. „Wir müssen erst einen wählen."

„Wählen?" fragte Raiffeisen überrascht, „Ihr seid aber modern in Flammersfeld."

„Das war bei uns schon immer so, ein altes Privileg, das wir uns nicht nehmen lassen." Das fängt ja gut an, dachte Raiffeisen. Ich trage meine Ernennung zum Bürgermeister in der Tasche, und hier wollen die Leute ihren Bürgermeister selber wählen. Nur wenige Wochen fehlten bis zum Termin seines Amtsantritts. Offenbar hatte die Behörde es nicht für nötig gehalten, die Leute von Flammersfeld von seiner Ernennung in Kenntnis zu setzen.

In der Kanzlei des Bürgermeisteramtes traf er nur den Amtsschreiber an, der auf seine Frage nach dem Ortsvorsteher antwortete: „Der hat heute Schlachttag und ist für niemanden zu sprechen." Raiffeisen machte sich auf die Suche und fand den Ortsvorsteher mit blutiger Schürze vor dem Scheunentor, an dem das geschlachtete Schwein hing. Er schien wenig erfreut über die Störung durch den unerwarteten Besuch. „Was führt Euch zu mir, Herr?" fragte er knapp.

„Machen Sie Ihre Sache erst fertig", sagte Raiffeisen, „ich esse im Wirtshaus gegenüber zu Mittag und komme dann wieder."

„Ihr seid ein vernünftiger Mensch", sagte der Vorsteher und wandte sich wieder seiner Arbeit zu.

„Wollt Ihr etwas verkaufen?" war seine erste Frage, als er den Gast am Nachmittag in seiner Stube empfing.

„Ich habe nur eine Frage", sagte Raiffeisen. „Ist ein Dekret des Landrats über den neuen Bürgermeister eingetroffen?"

„Ein Dekret? Wieso? Wir haben noch nicht gewählt, nicht einmal einen Vorschlag nach Altenkirchen geschickt."

Unter seinem argwöhnischen Blick wurde es Raiffeisen ungemütlich. Irgendetwas stimmte hier nicht. Am liebsten wäre er gegangen, ohne sich zu erkennen zu geben.

Aber jetzt dämmerten dem Ortsvorsteher die Zusammenhänge. „Habt Ihr vielleicht ein Schreiben vom Landrat?"

Schweigend reichte Raiffeisen das Dekret hinüber. Der Vorsteher las laut, während ihm die Zornesröte ins Gesicht stieg: „... mit 1. April als Amtsbürgermeister in die Gemeinde Flammersfeld versetzt ..."

„Das ist ja noch schöner", schrie er und schlug mit der Faust auf den Tisch. „Wir wählen unseren Bürgermeister selber, da können die Herren von Altenkirchen sich auf den Kopf stellen. Wer seid Ihr überhaupt, Herr …?" Er griff wieder nach dem Schreiben und suchte nach dem Namen: „Raiffeisen", las er, „Weyerbusch."

Er räusperte sich und brachte eine Bitte um Entschuldigung heraus. „Seid Ihr der Mann, der den Brotverein gegründet hat und für die Bauern Saatgut einkaufte? Nun, das ist etwas anderes."

Er öffnete die Tür und rief seine Frau aus der Küche herein. „Jetzt trinken wir erst einen Apfelmost", sagte er, „aber das Dekret des Landrats kann ich doch nicht anerkennen. Darüber muss die ganze Gemeindevertretung beschließen."

Sie setzten sich zu Rauchfleisch und Most an den Tisch und begannen ein Gespräch über Probleme der Landwirtschaft und der Gemeindeverwaltung. Der Vorsteher hatte eine Menge Fragen an den berühmten Bürgermeister. Die hiesige Situation unterschied sich kaum von der in Weyerbusch. Auch in Flammersfeld gab es Hunger, Armut und Wucher. Sachlich und ruhig erklärte Raiffeisen das Was, Wie und Warum seiner Arbeit, ohne sich bei den eigenen Verdiensten aufzuhalten. „Ihr habt allerhand geleistet", sagte der Vorsteher beim Abschied. „Wie alt seid Ihr eigentlich?"

„30 Jahre", antwortete Raiffeisen.

„Ich könnte Euer Vater sein."

„Die Welt ist anders geworden", murmelte der Vorsteher, als der Besucher ihn verlassen hatte. „Zu meiner Zeit hatten wir in diesem Alter noch nichts zu melden.“ Schweren Herzens wanderte Raiffeisen heimwärts. Vielleicht war das Ganze nur ein Versehen, ein Verwaltungsfehler, aber er konnte zur Folge haben, dass die Weichen in Flammersfeld von Anfang an falsch gestellt waren. Als er die ersten Häuser von Weyerbusch erreichte, war der Wind zum Sturm gewachsen. Schnee peitschte seinen Nacken.

Die Unruhe wegen der Begleitumstände seiner Versetzung plagte ihn tagelang. Schließlich berichtete er dem Landrat über die Erfahrungen seines Besuches und bat um Zurückziehung der Ernennung.

Der „Hilfsverein" in Flammersfeld

Im April 1848 zog Friedrich Wilhelm Raiffeisen mit seiner Frau und der kleinen Amalie nach Flammersfeld um.

Wie nach dem ersten Besuch vorauszusehen war, hatte es allerhand Schwierigkeiten gegeben. Zwar hatte der Landrat auf Raiffeisens Bericht hin das Ernennungsdekret in einen Vorschlag umgewandelt, aber auch das war den Flammersfeldern noch zu eigenmächtig. In der Sitzung der Ortsvorsteher wurde Empörung laut. Man pochte auf alte Privilegien, wollte sich widersetzen, den Vorschlag ablehnen. Die Atmosphäre entspannte sich ein wenig, als der Flammersfelder Ortsvorsteher von Raiffeisens Besuch berichtete. Der Ortspfarrer, Pastor Müller, spürte, wie die Stimmung sich wendete, und stieß nach: „Auch bei uns gibt es Armut und Hunger. Sollten wir nicht versuchen, uns helfen zu lassen? Denkt an das Beispiel von Weyerbusch! Und denkt an die Straße. Raiffeisen als Bürgermeister von Flammersfeld würde sie fortführen bis ins Rheintal hinunter."

Die Straße in Verbindung mit dem Namen Raiffeisen gab schließlich den Ausschlag. Nach langem Hin und Her endete die Sitzung mit dem einstimmigen Beschluss, Friedrich Wilhelm Raiffeisen zum Bürgermeister der Gemeinde Flammersfeld zu wählen.

Eine Woche später fuhr Raiffeisen zur Vereidigung nach Altenkirchen. Erst jetzt konnte die königliche Regierung die amtliche Ernennung aussprechen.

In Weyerbusch hatte man ihm den Abschied nicht leicht gemacht. Die Vorsteher konnten kaum begreifen, dass er nichts gegen seine Versetzung unternommen hatte. Die Abschiedsfeier glich einem Begräbnis. Tränen flossen, als die Vorsteher Dank und gute Wünsche aussprachen. Die Schulkinder sangen und überreichten ein Bild der neuen Schule. Die Blechmusik spielte voraus, als die Kutsche die eng von Menschen gesäumte Straße hinabfuhr. Beim letzten Haus drehte Raiffeisen sich noch einmal um und hob die Hand. Emilie schaute starr voraus. Ihre Augen waren trocken. Der Schmerz saß tiefer, es war ihr, als ließe sie ein Stück ihres Wesens in Weyerbusch zurück. Raiffeisen wagte nicht, sie anzusehen. Er hatte Amalie auf dem Schoß. Was hätte er sagen können? Warum musste er den Menschen, die ihm am nächsten standen, Schmerz bereiten? War es wirklich nur die Pflicht, die ihn weitertrieb?

Hinter Güldenberg brach Emilie endlich das Schweigen, das unerträglich gelastet hatte. „Wie weit ist es noch bis Flammersfeld?"

„Wir haben die Grenzsteine schon hinter uns."

Er hielt ihren Blick fest, bis sie lächelte. „Du hast mir verziehen, nicht wahr?" sagte er, „sag, dass du mir verziehen hast." Jetzt erst traten ihr die Tränen in die Augen. „Es wird mir schon gefallen", sagte sie.

Als die Kutsche durch die Dorfstraße von Flammersfeld rumpelte, erschienen Gesichter hinter den Scheiben. Leute traten vor die Haustür und verfolgten mit neugierigen Blicken die Fahrt zum Bürgermeisteramt. Der Vorsteher kam gerade noch rechtzeitig, um den neuen Bügermeister vor seinem Eintritt zu begrüßen. Emilie ging mit dem Kind rasch ins Haus.

Die Wohnung kam ihr düster vor. Dichte alte Bäume verschatteten die Fenster. Wehmütig dachte sie an die freie Sicht von Weyerbusch. Dort schweifte der Blick ungehindert bis zum fernen Waldrand. Sie wandte sich nicht um, als ihr Mann hinter sie trat. „Nun, wie gefällt es dir?" Er redete gleich weiter, ohne eine Antwort abzuwarten. „Die Bäume müssen ausgelichtet werden. Du bist an einen freien Ausblick gewöhnt. Und die Täfelung muss fort: helle Tapeten, freundliche Vorhänge. Sag nur, wie du es haben willst."

Er schob seinen Arm unter den ihren und führte sie durch die Räume. Sie spürte den Strom von Energie, der von ihm ausging. Auf einmal schien es ihr nicht mehr so ganz unmöglich, aus dieser Wohnung ein neues Heim für sich und die Kinder zu machen.

Er ahnte ihre Bemühungen und beantwortete sie mit einem dankbaren Druck seines Armes.

Als am nächsten Morgen die Möbelträger die Treppe auf und ab polterten, saß der Bürgermeister bereits in seinem neuen Amtszimmer, umgeben von den Vorstehern der 33 Ortsgemeinden, die ihm ihre Sorgen und Wünsche vortrugen. Allmählich schälte sich aus dem Wust der anliegenden Projekte das Vordringlichste heraus: die Straße! Sie war in Weyerbusch begonnen worden und sollte nun fortgeführt werden bis zum Rhein. Darin waren sich alle einig. „Die Pläne liegen schon vor", hieß es. „Nur eines fehlt, das Geld.

Ihr seid doch bekannt dafür, dass Ihr Geld aus dem Boden stampft, wenn es Euch notwendig erscheint."

„Ich bin kein Wundertäter", wehrte Raiffeisen ab. „Seid ihr auch ganz sicher, dass die Straße das Wichtigste ist?" Er dachte an Armut, Hunger und Wucher. Davon sprach niemand, als lohne es sich nicht, diese alten Probleme anzugreifen, die auf Flammersfeld nicht weniger lasteten als auf Weyerbusch.

„Also beginnen wir mit der Straße", sagte er. Wenige Wochen nach seinem Amtsantritt betrat ein fremder Herr das Amtszimmer. Ein dunkler Vollbart umrahmte sein junges, glattes Gesicht. Sein Auftreten war sicher und herrisch, seine Kleidung verriet städtische Eleganz. Eine Uhrkette aus schwerem Gold schwang sich über seine Weste.

Er verneigte sich und nannte seinen Namen: Baron von Habeck aus Köln. „Kann ich Sie unter vier Augen sprechen, Herr Bürgermeister?"

Raiffeisen führte ihn in das Sprechzimmer. „Ich möchte nicht gestört werden", bedeutete er dem Amtsschreiber. Der Baron nahm ihm gegenüber Platz und holte aus seiner Tasche einen Plan, auf dem die Gemeinde Flammersfeld mit ihren Ortschaften verzeichnet war. „Sie sind erst kurze Zeit im Amt", sagte er, während er die Karte auf dem Tisch ausbreitete, „aber ich bin sicher, dass Sie sich bereits eine Übersicht über die Finanzlage der Bewohner beschafft haben."

„Nur soweit dies aus den Grundbuchakten und der Kartei über die Grundsteuer ersichtlich ist", sagte Raiffeisen zurückhaltend.

„Dann wissen Sie so gut wie ich, dass die Bauern schwer, ja untragbar verschuldet sind."

„Wollen Sie den Armen von Flammersfeld helfen?" Raiffeisen versuchte, den Beruf seines Gegenübers zu erraten: War er ein reicher Philanthrop, ein Fabrikant, ein Geschäftsmann? Welchen Zielen diente sein Interesse für die wirtschaftliche Lage der Bevölkerung?

„Helfen? Gewiss, auch das, wenn Sie mir Ihre Hilfe zusagen", sagte der Baron.

„Wenn das Los der Armen tatsächlich gebessert werden soll, bin ich zu jeder Mithilfe bereit", sagte Raiffeisen.

Der Baron lehnte sich im Stuhl zurück und schlug die Beine übereinander. „Ich habe mich ziemlich intensiv mit dem Studium der Nationalökonomie befasst", sagte er. „In allen Staaten Westeuropas drängen die fortschrittlichen Kräfte nach freier Ausübung ihrer Fähigkeiten. Allerorts werden Industrien gegründet, die zum Wohlstand des Landes beitragen. England ist uns in dieser Entwicklung Jahrzehnte voraus. Wir sollten von diesem Vorbild lernen."

„Was sollten wir daraus lernen?" fragte Raiffeisen.

„Die Befreiung der kleinen und mittleren Bauern aus der Grundherrschaft der Gutsherren und Landesfürsten hat zur Folge gehabt, dass jeder Bauer im wirtschaftlichen Lebenskampf allein auf sich gestellt ist. Er besitzt jedoch nicht das Geld und die Einsicht, seinen Grundbesitz zu verbessern und einen höheren Ertrag zu erzielen. Von Jahr zu Jahr wächst die Armut. Ich stimme mit der Meinung vieler Nationalökonomen überein, dass wie in England so auch in den deutschen Ländern die Bauern ihrem sicheren Untergang entgegengehen."

„Und Sie wissen ein Mittel, diese Gefahr aufzuhalten oder abzuwenden?" Raiffeisens Blick war mit saugender Eindringlichkeit auf den Gast gerichtet. Was jener vortrug, waren seine eigenen Probleme, Gedanken, die ihn Tag und Nacht beschäftigten.

„Eine notwendige Entwicklung kann man nicht aufhalten", sagte der Baron, „aber vielleicht gelingt es uns gemeinsam, die Not in diesem Bereich" – er beschrieb mit dem Zeigefinger einen Kreis auf dem Plan – „noch rechtzeitig zu bekämpfen."

„Sagen Sie mir das Wundermittel, wenn Sie es kennen", drängte Raiffeisen.

Der Baron stand auf und trat ans Fenster. Nach einem Augenblick des Nachdenkens wandte er sich wieder Raiffeisen zu und sagte: „Ich kaufe die Höfe und Grundstücke der Bauern in dem von mir bezeichneten Bereich und sorge für neue Arbeitsmöglichkeiten. Ich habe das Kapital, um eine große Weberei aufzubauen." Raiffeisen war ebenfalls aufgestanden. Erregt ging er im Raum auf und ab. „Sie wollen die Bauern retten, indem Sie vorher ihre Eigenexistenz vernichten", sagte er heftig.

Der Baron warf ihm einen erstaunten Blick zu. „Ich brauche Arbeiter, die von meinem Werk abhängig sind. Sie sind ein Teil der großen Planung."

Vor Raiffeisens innerem Auge zog eine Zukunftsvision vorbei: verödetes Land, verlassene Dörfer, ein Heer lohnabhängiger Sklaven, Teile des großen Plans wie die Maschinen in der neuen Weberei. Er schüttelte langsam den Kopf. „Wir brauchen nicht weiter zu reden", sagte er. „Es ist durchaus nicht bewiesen, dass der Untergang der Bauern unvermeidlich ist. Was Sie betrifft, so haben Sie jedenfalls nur Ihre Geschäfte im Sinn und nicht die Rettung der Bauern. Sie wollen von der Not profitieren. Wem es um die Menschen geht, der wird versuchen, die Ursachen der Armut zu beseitigen." Wortlos faltete der Baron den Plan zusammen. Mit einem eisigen Blick auf Raiffeisen sagte er: „Sie werden die Entwicklung nicht aufhalten, Herr Bürgermeister. Das Geld ist stärker. Sie werden noch an mich denken. Leben Sie wohl."

Als die Tür sich hinter dem Besucher schloss, sank Raiffeisen auf einen Stuhl. Die Erregung brannte in seinen Augen. Von draußen klang das Gemurmel der Wartenden, die Rat und Hilfe von ihm erhofften. Verschwendeten sie ihr Vertrauen? Stand er hier auf verlorenem Posten? War seine Vorstellung vom Kampf gegen die Ursachen der Armut ein Hirngespinst, das von der Entwicklung längst überholt war? Erweckte er falsche Hoffnungen und trug dadurch zum Untergang der ihm anvertrauten Menschen bei? Im Arbeitszimmer übergab ihm der Schreiber zwei neue Ausschreibungen über Versteigerungen in den Orten Reiferscheid und Hahn. Hier kam Hilfe zu spät. Wie viele Höfe würden noch unter den Hammer kommen, ehe er zu den Wurzeln der Armut vorgedrungen war? „Wo ist der Fremde hingegangen?" fragte er den Schreiber. „Er ist in seinen Wagen gestiegen und in Richtung Altenkirchen gefahren."

Der Herr aus Köln hatte seine Pläne also nicht aufgegeben. Er setzte seine Suche nach armen Gegenden und bereitwilligen Bürgermeistern fort. Seine Worte vom bevorstehenden Ruin der Bauern setzten sich in Raiffeisens Kopf fest wie eine verhasste Melodie. Die Wirklichkeit schien dem Baron recht zu geben. Die Pest der Schuldknechtschaft grassierte in Flammersfeld genauso wie in Weyerbusch. Auf manchen Bauernhöfen gehörten die Kühe im Stall, der Wagen in der Scheune, die Pfandrechte auf die besten Felder dem Wucherer. Er kassierte den ganzen Ertrag der Bauernarbeit. Ein günstiger Verkauf, wie der Baron ihn anbot, hätte zunächst Befreiung bedeutet. Aber was dann? Ein solcher Entschluss kam einer Kapitulation gleich. Raiffeisen wollte nicht kapitulieren.

Am 25. Juni 1848 kam eine Tochter zur Welt, die auf den Namen Caroline getauft wurde. Emilie hatte sich das Schriftwort aus dem zweiten Buch Mose für die Taufpredigt selbst ausgesucht: „Siehe, ich sende meinen Engel vor dir her, der dich behütet auf dem Wege und dich bringe an den Ort, den ich bereitet habe ..." Es war der Konfirmationsspruch, den Pfarrer Seippel einst für seinen Patenjungen Friedrich Wilhelm Raiffeisen gewählt hatte. Frau Emilie erholte sich nur schwer von dieser Geburt. Eine Herzschwäche blieb zurück. Ihre Wangen waren blass, ihre Lippen bläulich. Der Arzt aus Altenkirchen verschrieb eine ausgedehnte Bettruhe, und sie hatte plötzlich viel Zeit, über sich und ihr Leben mit Friedrich Wilhelm Raiffeisen nachzudenken. Als sie ihn kennenlernte, hatte seine Unbedingtheit sie gefesselt – unbedingt war er im Verfolgen seiner Ziele, unbedingt im Verschenken seiner Kraft. Wer mit ihm ging, musste stark und widerstandsfähig sein. Hatte sie sich zu viel zugemutet? Hatte sie Geborgenheit gesucht, wo gemeinsames

Streben und Arbeiten verlangt wurde? Ich muss Vertrauen haben, dachte sie. Er hat noch keines Menschen Vertrauen enttäuscht.

Raiffeisen kam eines Tages Schlampereien auf die Spur, die in der Zeit vor seinem Amtsantritt eingerissen waren. So bestand noch von früher her die Anordnung, dass der Polizeidiener Bankert jede Woche fünf Ortsgemeinden zu revidieren hatte. Den Besuch sollte er sich von den Vorstehern durch Unterschrift bestätigen lassen. Es gab ständig kleine Fälle von Streitigkeiten und Ungesetzmäßigkeiten, die unter die schiedsrichterliche Kompetenz des Bürgermeisters fielen. Aus der Zeit vor Raiffeisen waren die Berichte liederlich und unvollständig verfasst. Bankert machte sich nicht die Mühe, die schriftliche Bestätigung einzuholen. Der neue Bürgermeister gab eine verschärfte Anordnung heraus, die den Unwillen des Polizeidieners erregte. „Die früheren Bürgermeister hatten Vertrauen zu mir", beklagte er sich bei dem Amtsschreiber, „sie verlangten keine schriftliche Bestätigung."

„Befehl vom Bürgermeister", sagte der Schreiber, „er hält auf Ordnung."

„Ordnung?" brauste Bankert auf, „ich bin die Ordnung von Flammersfeld!"

Raiffeisen hörte den Wortwechsel bis in sein Arbeitszimmer hinein. „Worum geht es denn?" Er streckte den Kopf durch die Tür des Amtszimmers. Der Polizeidiener brummte einen Gruß und verdrückte sich eilig. Raiffeisen tauschte einen Blick mit dem Schreiber. Es war bekannt, dass Bankert die starken Getränke liebte. Gastwirte, die es mit der Sperrstunde nicht so genau nahmen, besänftigten die Ordnung von Flammersfeld mit einem Gratisschnaps, dem oft ein zweiter und dritter folgte. Mit dem Gesicht auf dem Wirtshaustisch schlief er seine Räusche aus. Am nächsten Tag konnte er sich nicht erinnern, welche Ortschaften er bereits besucht hatte und welche nicht. Nachrichten über Ordnungsdelikte erreichten den Bürgermeister verspätet oder auf anderem als dem gesetzlichen Weg. Und oft erreichten sie ihn gar nicht.

„Ich muss mir den Mann mal vornehmen", sagte Raiffeisen, „so geht es nicht weiter."

Der Schreiber zuckte die Achseln: „Sie werden nicht viel Freude an ihm haben." Der Polizeidiener reagierte tief gekränkt auf die Vermahnungen an einem der nächsten Tage.

„Eure Vorgänger haben sich auf mich verlassen, Herr Bürgermeister. Ich habe immer treu meine Pflicht getan. Etwas vergessen, das kann doch jedem mal passieren."

„Ich möchte, dass Sie Ihren Auftrag streng nach Anordnung erfüllen", beharrte Raiffeisen.

„Wenn Ihr darauf besteht ...", knurrte Polizeidiener Bankert. Seine wässrigen Äuglein hatten einen bösartigen Glanz. „Dann kann ich wohl gehen?"

„So ein junger Spund!" murrte er im Hausflur. „Was der mir sagt, habe ich mir noch von keinem sagen lassen müssen." Eine Woche lang wirkte die Mahnung, dann gewann die Gewohnheit des Trinkens wieder die Oberhand. Raiffeisens Geduld war erschöpft. Er diktierte dem Schreiber einen strengen Brief:

„… darum werden Sie für die nachlässige Versäumnis Ihrer Pflichten mit einem Taler Strafe belegt, der Ihnen zum Monatsende von der Löhnung abgezogen wird. Wegen Ihrer Familie, die sonst der Not ausgesetzt wäre, nehmen wir diesmal noch von einer Dienstentlassung Abstand …"

Bankert war außer sich. Wegen ein paar lumpiger Ortschaften, die er auf seinem Inspektionsgang ausgelassen hatte, zog der junge Herr ihm einen ganzen Taler, gleich 25 Gläschen Branntwein, vom Lohn ab. Er beklagte sich reihum bei allen Vorstehern. Manche ließen ihn abfahren: „Das ist Sache des Bürgermeisters, geht mich nichts an." Aber es fanden sich auch einige, die in Bankerts Lamento über den gestrengen Chef einstimmten. Meist waren es solche, die selbst Unregelmäßigkeiten auf dem Kerbholz hatten und es keineswegs schätzten, wenn der Bürgermeister ihnen allzu genau auf die Finger sah. Sie versprachen Bankert, sich bei nächster Gelegenheit für ihn einzusetzen. Der Polizeidiener fühlte sich gedeckt und setzte sein altes Leben fort. Nach kurzer Zeit brachte die Post ihm das Entlassungsschreiben. Er rannte spornstreichs in die Schenke und trank sich Mut an. Mächtig angeheizt trug er seinen Zorn in die Amtsstube.

„Nehmt das Schreiben zurück, Herr Bürgermeister", schrie er, „sonst erzähle ich Euch ein paar Dinge, die Ihr nicht gern hören werdet."

„Deine Drohung verfängt bei mir nicht", sagte Raiffeisen ruhig. „In deinem Interesse will ich sie überhört haben."

„So, Ihr wollt mich nicht einmal anhören", tobte Bankert. „So machen es die Herren: Die kleinen Leute bestrafen sie, vor den Geschäften der Großen verschließen sie die Ohren."

Raiffeisen sprang auf. „Diese Behauptung nimmst du sofort zurück, sonst übergebe ich dich der Polizei."
„Was passiert dem Vorsteher Korf, wenn er seinen Branntwein mit Holz aus dem Gemeindewald bezahlt? Nichts passiert ihm, Herr Bürgermeister, nichts."

„Wenn das wahr ist ..." – dem Bürgermeister verschlug es die Sprache. Gab es sogar im Gemeinderat Leute, die sich öffentlichen Besitz aneigneten? Das durfte nicht sein.

Er zwang sich zur Ruhe. „Sprich!" sagte er leise und setzte sich wieder auf seinen Stuhl.

Der Polizeidiener biss sich auf die Lippen. Korf war derjenige unter den Vorstehern, der ihn am meisten in Schutz genommen hatte. Ich habe zu viel gesagt, dämmerte es in seinem berauschten Kopf, ich darf mir Korf nicht zum Feind machen!

Ohne ein Wort schwankte er zur Tür. Zwei Tage später stand der Vorsteher Korf in der Amtsstube. Eine kurze schriftliche Einladung des Bürgermeisters hatte ihn gerufen. Es fiel Raiffeisen schwer, den Anfang zu finden. Der Mann vor ihm hätte sein Vater sein können. Er ahnte nichts von dem Vorwurf, der gegen ihn erhoben wurde. Sein Gruß war freundlich, sein Auftreten sicher. Raiffeisen räusperte sich gequält. Dann begann er ohne Umschweife: „Seit wann bezahlen Sie Ihren Branntwein mit Holzeinkünften aus dem Gemeindewald?" Die Frage traf so überraschend, dass Korf gar nicht darauf kam, zu leugnen. „Seit zwei Jahren", gab er zu, „aber das sind doch Kleinigkeiten. Eure Vorgänger haben sich nicht darum gekümmert.

Wenn es der Gemeinde auf die paar Taler ankommt, dann zahle ich sie eben zurück." Er wandte sich zum Gehen, offenbar hielt er die Angelegenheit für abgeschlossen. Raiffeisen hielt ihn zurück.

„Es geht nicht um die Taler. Sie haben das Ansehen und die Ehre aller Ortsvorsteher geschädigt. Ich würde Sie anzeigen, wenn ich nicht Sorge hätte, dass dadurch das Vertrauen der Bevölkerung in ihre Vorsteher noch mehr erschüttert würde. Ihr Amt müssen Sie jedenfalls der Gemeinde zurückgeben."

Korf zuckte die Achseln. „Wenn das Eure Meinung ist, Herr Bürgermeister ..." Als er mit kurzem Gruß die Amtsstube verließ, wusste Raiffeisen, dass er von jetzt an Feinde in der Gemeinde haben würde. Er versuchte, sich darüber hinwegzusetzen, aber schon bald machte sich die im Verborgenen wuchernde Opposition bemerkbar. Seine Arbeit in dieser Gemeinde schien unter keinem guten Stern zu stehen.

Raiffeisen hatte sich in der letzten Zeit allerhand Gedanken über die Rückständigkeit der Landgemeinden im Vergleich zu den Städten gemacht. Es schien ihm, dass die Behörden den fortschrittlichen Wünschen der Bevölkerung jetzt zugänglicher waren als bisher. Die Unruhen des Jahres 1848 hatten ihre Wirkung getan.

Aus Angst vor Schlimmerem war man zu Zugeständnissen bereit. Raiffeisen wollte diesen Zustand nicht ungenutzt lassen und beantragte bei der Postbehörde in Koblenz die Einrichtung einer Poststelle in Flammersfeld und die Aufstellung von Briefkästen in jedem Kirchspiel. Bisher gab es in Flammersfeld keine eigene Postexpedition. Zweimal in der Woche wurde

Post auf dem Umweg über Altenkirchen zugestellt. Das bedeutete eine untragbare Verzögerung des Geschäfts- und Behördenverkehrs.

Raiffeisen schrieb: „... auf diese Weise würden auch dem Postverkehr neue Einnahmen geschaffen. Der geschäftliche Handel und Wandel in unserer Gemeinde würde sich heben. Die viel beklagte Abgeschiedenheit des flachen Landes würde durch eine solche Maßnahme schrittweise abgebaut ..."

Der Anmeldetermin war knapp. Raiffeisen hielt es nicht für nötig, die Vorsteher vor dem Brief zu befragen. Er zweifelte nicht daran, dass sie in dieser Sache mit ihm einig wären.

Die Antwort der Postdirektion ließ nicht lange auf sich warten, aber ihr Inhalt war enttäuschend: „... so müssen wir in Anbetracht des geringen Postumsatzes, der bisher in der Gemeinde Flammersfeld zu beobachten war, die Einrichtung einer eigenen Postexpedition dortselbst ablehnen. Es steht jedoch dem verehrten Herrn Bürgermeister frei, in jedem Kirchspiel amtliche Briefkästen anbringen zu lassen, für deren Obsorge die Gemeinde verantwortlich ist."

Raiffeisen berief eine Sitzung der Ortsvorsteher und schlug die Aufstellung von Briefkästen vor, die allerdings zunächst nur zweimal in der Woche entleert werden sollten. „Das Briefeschreiben wird dann viel mehr Freude machen", ermunterte er die Versammelten. „Jeder von uns hat doch Freunde auswärts, mit denen er sich gern brieflich unterhalten möchte. Wenn aber die Antwort allzu lange auf sich warten lässt, vergeht einem die Lust."

Bei einem Blick in die Runde begegnete er neben wohlwollenden auch spöttischen Gesichtern. Er spürte den unvernünftigen Widerstand im Einwand eines Vorstehers: „Wer steht dafür ein, dass nicht Unbefugte die Briefe aus den Postkästen nehmen und lesen, was einer dem Anderen im Vertrauen sagen will? Wenn man solche neumodischen Kästen aufstellt, gibt es noch mehr Tratsch und Zank in den Gemeinden als ohnehin."

Gelächter folgte den Worten. Die Freunde Korfs genossen die Situation. Raiffeisen spürte, dass sein Vorschlag bei der Abstimmung durchfallen würde. Noch einmal brachte er seine Argumente vor. Sie waren klar und sachlich, aber die Ablehnung stützte sich nicht auf sachliche Einwände, sondern auf persönliche Antipathien. Am Ende stand Raiffeisen mit seinem Vorschlag fast allein und zog ihn selbst zurück.

Das Fast-allein-stehen wurde ihm zu einer drückenden Last. In Weyerbusch war er nach Überwindung der ersten Widerstände vom Vertrauen der Bevölkerung getragen worden. Diese Rückendeckung gab ihm Mut und Gelingen. Hier fühlte er sich von hinten bedroht, ohne dass ein offener Widerstand ihm Gelegenheit gegeben hätte, sich zu wehren. Es gab Bauern, die es ihm übel nahmen, dass er den Baron so schroff abgewiesen hatte. Sie wären bereit gewesen, ihre Grundstücke günstig zu verkaufen. Man hätte eben die Zögernden überreden müssen, meinten sie, der Baron kaufte entweder die ganze Gegend oder nichts. Ihnen hatte Raiffeisen einen Strich durch die Rechnung gemacht, und sie sparten nicht mit Kritik und Sticheleien hinter seinem Rücken.

Nur einer hielt vom ersten Tag an fest zu ihm: der Pastor von Flammersfeld, Friedrich Marius Müller. Die Ähnlichkeit ihrer Überzeugungen und Vorstellungen hatte die beiden Männer rasch Kontakt finden lassen. Sie waren Freunde geworden. Gemeinsam beschlossen sie, bei jeder Versteigerung eines Bauernhofes der Gemeinde anwesend zu sein, obwohl es ihnen klar war, dass eine solche Geste stummer Verbundenheit sie in peinliche Situationen bringen könnte. Das Erscheinen von Pfarrer und Bürgermeister weckte in den Verschuldeten Hoffnungen, die sie nicht erfüllen konnten. „Ihr seht unser Elend, warum helft ihr uns nicht?" hieß es, wenn sie untätig dabeistanden und die Prozedur über sich ergehen ließen wie jeder andere Zuschauer. Ab und zu erreichten sie, dass ein Geldverleiher den Versteigerungsantrag noch einmal aufschob. Aber was war damit schon gewonnen? Eine Galgenfrist, die unaufhaltsam ablief, ohne dass in der Zwischenzeit Entscheidendes getan werden konnte.

Die Freunde beschlossen, eine Sammlung der Ursachen anzulegen, die zur Verschuldung und schließlich zur Versteigerung führten. An Material für diese Studie fehlte es nicht. Raiffeisen brachte seine Erfahrungen zu Papier. Mit folgenden Worten schilderte er einen Wucherer:

„... ein Mann, der etwas auf sich hält, äußerlich ehrbar und religiös zu erscheinen, dessen Haupteigenschaft es hiernach gegen außen ist, seinen armen Mitmenschen durch Geldvorschüsse aus der Not zu helfen, hatte mit eiskalter Erbarmungslosigkeit die Hypothek zu einem Zeitpunkt gekündigt, von dem er sicher wusste, dass jetzt der Schuldner nicht zahlen konnte. Von der Aufkündigung der Schuld bis zur Versteigerung war für diesen ‚Menschenfreund' nur noch ein Schritt ..."

Diesen Typ Menschenfreund gab es offenbar nicht nur im Westerwald. Bismarck hatte in einer Rede vor dem Vereinigten Landtag von Bauern gesprochen, die auf ihrem ganzen Grundstück nichts mehr ihr Eigen nannten. Vom Bett bis zur Ofengabel gehörte jedes Stück der Einrichtung dem Geldverleiher. Das Vieh im Stall gehörte ihm, und der Bauer bezahlte für jedes einzelne Stück Miete. Das Korn auf dem Feld und in der Scheune gehörte den Wucherern, und sie verkauften ihm das Brot, das Saatgut und Futterkorn metzenweise. „Von einem ähnlichen Wucher gegenüber einem anderen Stand als den Bauern hat man noch nie gehört", sagte Bismarck, und Raiffeisen wusste, erfuhr jeden Tag von Neuem, dass diese Schilderung der hiesigen Wirklichkeit aufs Haar glich.

Ein hoffnungsloser Zustand! Wenn er seine Berichte niederschrieb, zitterte ihm die Hand vor ohnmächtigem Zorn. Die Ohrfeige seiner Kindheit brannte wieder auf seiner Wange. In den Städten wusste man nichts von diesem Elend. Die Herren am grünen Tisch lasen nur Berichte, sahen nicht die hoffnungslosen Gesichter, die stumpfen Augen, hörten das Jammern der Vertriebenen nicht.

Raiffeisen schrieb über eine Versteigerung im Dorf Kürth: „Der Richter, welcher den Verkauf leitete, machte bei der Zwangsversteigerung wegen des unerträglich niedrigen Zuschlags von nur einem Zehntel des wahren Wertes alle möglichen Gegenvorschläge. Der bäuerliche Schuldner rang die Hände und bat fußfällig unter Tränen, der Gläubiger möchte doch ein höheres Gebot abgeben. Dieser aber blieb unerbittlich, berief sich in energischer Weise dem Richter gegenüber auf die bestehenden Gesetze. Und jener musste zuletzt, wenn auch mit blutendem Herzen, den Zuschlag erteilen. Der Wucherer, der furchtbare ‚Menschenfreund', hatte also Haus, Stall und Scheune und ein wertvolles Gemeinderecht mit den dazugehörigen Ländereien für 49 Taler erstanden, was zusammen mehr als 1000 Taler wert war ..."

Wie die Blutegel hingen die Wucherer an den wehrlosen Bauern. Sie nutzten ihre Unwissenheit und Armut aus, um sich durch undurchsichtige Abmachungen allmählich ihren Besitz anzueignen. So wurde eine Familie nach der anderen zugrunde gerichtet.

Jeder Wucherer hatte sein Jagdrevier, das die anderen respektierten. Je weiter die Verarmung fortschritt, desto größer wurde ihre Macht. Niemand wagte es, ihnen entgegenzutreten. Selbst die Behörden drückten ein Auge zu. In unruhigen Nächten klang Raiffeisen die Stimme des Barons im Ohr: Das Geld ist stärker ... die kleinen und mittleren Bauern gehen dem sicheren Untergang entgegen ...

Ein Jahr nach Beginn der gemeinsamen Versteigerungsbesuche saß Raiffeisen mit dem Pfarrer in dessen Studierstube und blätterte in der Sammlung der Elendsberichte. „Wie viele Versteigerungen haben Sie inzwischen aufgezeichnet?" fragte Pastor Müller.

„Sechzehn", sagte Raiffeisen, „nur zwei davon konnten wir aufschieben."

„Lässt sich eine Regel für die Entstehung solcher Notsituationen aufstellen?"

Raiffeisen überflog die Berichte. „Ich glaube schon", sagte er. In zehn von sechzehn Versteigerungen fing die Verschuldung mit leihweise überlassenem Einstellvieh an. Dem ersten Stück Mietvieh folgte das zweite, dann ein drittes und viertes. Danach reichte der Ertrag der Arbeit nur noch für die Zahlung der Zinsen. Wenn dann schließlich der Bauer die letzten eigenen Kühe dem Wucherer statt Zinszahlung überlassen musste, gehörte alles Vieh dem Händler. Es folgten Heu und Getreide, das bereits auf dem Halm den Besitzer wechselte. Nach sechs, sieben oder zehn Jahren drehte der Wucherer den Geldhahn zu.

„Eins ist klar", sagte Müller, „die größte Gefahr für den Bauer ist das Einstellen von Leihvieh.

„Wie immer, wenn die Erregung neuer Ideen ihn überkam, ging Raiffeisen mit großen Schritten im Zimmer auf und ab. In seinem Gesicht arbeitete es. „Was ist mit Ihnen?", fragte der Pfarrer besorgt.

„Ich glaube, ich weiß, was man dagegen tun kann", antwortete Raiffeisen.

Sie saßen bis in die Nacht zusammen, Stufe für Stufe, wie die Gedanken in seinem Kopf sich klärten, entwickelte Raiffeisen seinen Plan.

„Wenn eine Ursache der Armut im Einstellen von Leihvieh besteht, müssen wir eben verhindern, dass wucherische Händler ihr Vieh auf diesem Weg in die Ställe der Bauern einschleusen. Aber wie sollen die Bauern bei ihrer Armut das zur Erhaltung der Wirtschaft notwendige Vieh erwerben? Wir müssen einen Verein gründen, der für unbemittelte Bauern Vieh einkauft und es ihnen gegen geringen Zins und langfristige Schuldrückzahlung überlässt. Dabei verfahren wir genau wie die Händler, jedoch ohne überhöhte Zinsen und ohne Zwang zur Übernahme weiteren Leihviehs. Wenn der Bauer fleißig ist, wird er allmählich so weit kommen, dass er seine Kühe selbst kaufen kann, vor allem, wenn die Tilgungsraten für den geliehenen Anfangsbestand niedrig sind. Wenn irgendein unverschuldetes Unglück geschieht, müssen die Termine verlängert werden."

„Und wo bekommt der Verein das Geld her?" fragte der Pfarrer. „Sind Sie sich klar darüber, dass es viel Geld sein muss, sonst lohnt sich die ganze Sache nicht." „Das muss eben herbeigeschafft werden", sagte Raiffeisen.

„Bleiben Sie auf dem Boden der Tatsachen", mahnte Müller. „Wer besitzt in Flammersfeld so viel Geld, dass man damit eine wirksame Aktion starten könnte? Das sind doch nur die Wucherer, und gerade die wollen wir ausschalten."

„Wir leihen Geld von auswärts." Raiffeisen ließ sich von seiner Idee nicht abbringen, obwohl ihm gerade jetzt durch den Kopf ging, dass sein Onkel, der Hofrat Lantzendörffer, der ihn beim Ankauf von Saatkartoffeln für Weyerbusch unterstützt hatte, vor einem Jahr gestorben war.

„Wer gibt Ihnen die erforderliche Sicherstellung?" fragte Müller. „Wir beide besitzen nicht genug, um kreditwürdig zu sein."

Raiffeisen dachte eine Weile nach. In Weyerbusch hatte er zu diesem Zweck die Armenkommission gegründet. Damals hatte es sich nur um einige Hundert Taler gehandelt, die die Mitglieder selbst aufbringen konnten. Diesmal wurden einige Tausend Taler gebraucht, um innerhalb eines Jahres 50, 60 und mehr Kühe zu kaufen oder, wenn sie schon in den Ställen standen, sie dem Wucherer abzukaufen. An Sicherstellung durch einen Einzelnen war nicht zu denken. Es mussten sich viele, noch unbelastete Besitzer zur Haftung bereit finden. Dazu brauchten sie keinen Taler aus der eigenen Tasche vorzulegen, nur die Bürgschaft für die Anleihe zugunsten ihrer ärmeren Nachbarn mussten sie übernehmen. Der Pfarrer versank in tiefes Nachdenken.

„Was halten Sie davon?" drängte Raiffeisen.

„Vielleicht", sagte Müller, und fügte nach einer kurzen Pause entschlossen hinzu: „Ja, das ist ein Weg. Ich helfe Ihnen bei der Anwerbung von Mitgliedern für den neuen Verein. Wann fangen wir an?"

„Morgen", sagte Raiffeisen.

Die Werbung für den Flammersfelder Hilfsverein geschah nicht durch öffentlichen Aufruf. Man musste die Leute persönlich packen, für jeden das richtige Wort finden. Pfarrer und Bürgermeister gingen von Hof zu Hof. Raiffeisens Begeisterung für seinen Plan war so groß, dass er Feindschaft und anfängliche Misserfolge völlig vergaß. Aber auch die Angesprochenen selbst schienen ihre Vorbehalte gegen den neuen Bürgermeister vergessen zu haben.

Der Plan wurde nicht nur mit dem Feuer der Überzeugung vorgetragen, er war auch einleuchtend und einfach. Der Pfarrer setzte sein Ansehen ein. Anfängliches Zögern wurde durch sachliche Argumente überwunden. Vertrauen wuchs den Werbern zu.

In erstaunlich kurzer Zeit gelang es ihnen, 60 Mitglieder für den Hilfsverein zur Unterstützung unbemittelter Landwirte zu gewinnen. Sie sollten sich durch Unterschrift gemeinsam verbürgen, dass das geliehene Kapital von den Schuldnern vertragsgemäß verzinst und nach Ablauf der festgesetzten Frist zurückgezahlt würde. Als Schuldner galten jene Bauern, für die der Verein Vieh einkaufte, das bis zur vollen Bezahlung dem Verein als Pfand blieb. Zu Anfang brauchte man 2000 Taler, um das vom Wucherer bereits eingestellte Vieh abzulösen, ein Vorgang, den man als Umschuldung bezeichnete. Eine trächtige gesunde Kuh besaß damals einen Wert von 30 bis 40 Talern.

Raiffeisen und Pastor Müller machten sich gemeinsam auf die Reise zu der Firma, bei der Raiffeisen schon von Weyerbusch aus Getreide eingekauft hatte. Dort war man von seiner Zuverlässigkeit und Kreditwürdigkeit überzeugt und empfahl ihn weiter an ein Bankhaus, mit dem die Firma Geschäftsbeziehungen unterhielt. Nur durch diese Fürsprache kam es zu einem persönlichen Gespräch mit dem Kölner Bankier. Während sie ihren Plan vortrugen, spürten sie das Unbehagen des Geldmannes. Das Geschäft war mehr als ungewöhnlich. Viele kleine Besitzer hafteten für eine auch für Bankleute erhebliche Summe.

„Was passiert, wenn die Schuldner nicht zahlen können?" fragte der Bankier und gab selbst die Antwort: „Dann muss man mit 60 Pfändungsanträgen vor Gericht gehen, eine umständliche Prozedur, finden Sie nicht?" Er vertiefte sich in die Statuten dieses sonderbaren Vereins und verweilte lange über dem Paragrafen: „Die sämtlichen Mitglieder haften gleichzeitig, jedoch solidarisch für die vom Verein übernommenen Verbindlichkeiten und Garantien mit ihrem Gesamtvermögen.

„Also eine unbeschränkte Haftung jedes einzelnen Mitglieds", sagte er und rechnete nach. Die Bürgschaft entsprach dem Dreißigfachen des ausgeliehenen Betrages. Er blickte auf und nickte. „Das genügt", sagte er. „Sie können 2000 Taler zum reellen Darlehnszins, laufend auf fünf Jahre, beziehen."

Hochgestimmt machten sich die Freunde auf die Heimreise. Die erste, größte Hürde war genommen. Das Geld war da. Nun konnten sie mit der Arbeit beginnen.

Doch bald zeichnete sich eine neue Schwierigkeit ab. Um zeichnungsberechtigt zu sein, musste der Flammersfelder Hilfsverein in das behördliche Vereinsregister eingetragen werden. Raiffeisen verfasste den Antrag und fuhr damit nach Altenkirchen. Für ihn war diese Eintragung eine bloße Formalität, aber der Landrat und die Regierung verhielten sich zurückhaltend. Ein Geselligkeits- oder Bildungsverein hätte nach kurzer polizeilicher Prüfung eingetragen werden können, aber der Hilfsverein befasste sich mit Geldgeschäften. Ehe eine Erlaubnis zur Vereinsbildung erteilt werden konnte, musste die Unbescholtenheit jedes einzelnen Mitglieds geprüft werden.

„Und wie lange soll das dauern?" Raiffeisen konnte seine Enttäuschung nicht verbergen. Bisher war alles glatt gegangen, nun streute ihm die Bürokratie Sand ins Getriebe.

Der Landrat wollte sich nicht festlegen. „Die Regierung arbeitet in solchen Fällen sehr sorgfältig. Rechnen Sie mit einem Jahr."

„Mit einem Jahr? Das ist unmöglich. Wissen Sie, wie viele Bauern in dieser Zeit zugrunde gehen werden?"
„Sparen Sie sich Ihren Zorn", sagte der Landrat kühl, „ich bin nur ein Beamter und muss mich nach den Anordnungen der Regierung richten."

Kaum zurückgekehrt, bestellte Raiffeisen wieder den Kutschwagen zur Fahrt nach Köln.

„Wir kommen nicht weiter", sagte er zu dem Bankier. „Alle 60 Mitglieder des Vereins sollen auf ihre Unbescholtenheit geprüft werden."

Mit einer Handbewegung schaffte der Geldmann das Hindernis aus der Welt. „Ich halte meine Zusage aufrecht. Sehen Sie zu, dass ungefähr 20 der angesehensten Mitglieder sich persönlich in einem gerichtlichen Akt für die geliehene Summe unbeschränkt und solidarisch haftbar erklären."

„Das ist keine Schwierigkeit. Ich danke Ihnen für Ihr Verständnis!" sagte Raiffeisen.

Am 1. Dezember 1849 wurde der Flammersfelder Hilfsverein offiziell gegründet. Noch vor Weihnachten kaufte Raiffeisen, beraten von erfahrenen und ehrlichen Händlern und Bauern, die als Schätzprüfer mitwirkten, das Leihvieh der am meisten gefährdeten Bauern zurück. Diesmal bestimmte nicht der Wucherer den Preis.

Raiffeisen bot den ermittelten Schätzwert. Wenn ein Händler sich widersetzte, wurde das Leihvieh einfach aus dem Stall getrieben. Kein Wucherer wagte es, den

Bauern wegen Zurücktritt vom abgemachten Handel zu verklagen. In einem solchen Fall hätte der Verein Gerichtsklage wegen ungesetzlicher Zinsabmachungen erhoben. Bisher war es zu solchen Klagen nie gekommen, weil die Schuldner aus Angst vor dem Wucherer nicht wagten, die Zinsabmachungen öffentlich bekannt zu machen. Im Verlauf der Prozedur kam Zinswucher bis zu 120 Prozent jährlich ans Licht. Mit der Angst war auch die Macht der Wucherer gebrochen. Ihr Verbrechen gegen die Bauern war öffentlich geworden. In Flammersfeld und Umgebung war diesen Herren das Handwerk gelegt.

Vorstand und Mitglieder des Vereins arbeiteten ehrenamtlich. Nur der Rechner, Lehrer Hauser, erhielt für die Verwaltung der Kasse eine geringe Entlohnung.

Innerhalb eines Jahres kaufte der Verein 72 Kühe an und übergab sie den bedürftigen Landwirten gegen reelle Verzinsung und Tilgung der Kaufsumme nach fünf Jahren. Damit war der entliehene Betrag von 2000 Talern erschöpft. Das Kapital an Vertrauen war indessen weitergewachsen. Als der Vorstand des Hilfsvereins alle Besitzer der Gemeinde aufforderte, Spargeld gegen Haftung aller Mitglieder und ordnungsgemäße Zinsen dem Verein zur Verfügung zu stellen, flossen die Einlagen so reichlich, dass der Verein auch für die folgenden Jahre mit ausreichenden Geldmitteln versehen war, bis die früher ausgelegten Gelder wieder zurückkamen. Im zweiten Jahr seines Bestehens wurde einigen Wucherern der Boden zu heiß. Sie verließen, von allen verachtet und gemieden, den Gemeindebezirk Flammersfeld.

Ein großes Aufatmen ging durch die ländliche Bevölkerung. Nun wussten die Bauern wieder, wofür sie arbeiteten, konnten sich am Ertrag einer guten Ernte freuen, bekamen Lust, ihre Häuser auszubessern, die Geräte zu pflegen, Anschaffungen zu planen überall war der Aufschwung sichtbar und spürbar, selbst die Gesichter schienen ein neues Selbstvertrauen auszustrahlen.

„Das ist das Beste daran", sagte Raiffeisen, „wir haben ihnen keinen Pfennig geschenkt. Sie brauchen sich nicht als Almosenempfänger zu fühlen. Was ihnen geliehen wurde, haben sie zurückgezahlt. Sie haben sich selbst geholfen."

Im zweiten Jahr kaufte der Verein 110, im dritten 152 Stück Vieh. Reell arbeitende Viehhändler ließen sich nieder und wurden Mitglieder des Vereins. Es war nicht mehr nötig, das Vieh durch den Verein einzukaufen. Man gab den Antragstellern bares Geld, mit dem sie selbst ihr Vieh auf den öffentlichen Märkten kaufen konnten. Keine Erpressung mehr! Keine Herabwürdigung der Schuldner zu Arbeitssklaven des Gläubigers! Endlich begriff auch die Behörde die Vorteile der neuen Methode. Landrat und Regierungsbeamte ließen sich herbei, den Flammersfelder Hilfsverein als ein höchst wertvolles, gemeinnütziges Unternehmen zu bezeichnen. Raiffeisen war indessen auf dem begonnenen Weg weitergegangen – zu schnell für den Amtsschimmel, wie sich bald zeigen sollte. Als er ein Jahr nach Gründung des Vereins eine Sparkasse mit Verzinsung privater Einlagen gründen wollte und ihre Anerkennung als Körperschaft öffentlichen Rechtes beantragte, verlangte die Regierung, dass alle 33 Ortsgemeinden von Flammersfeld in die Haftung für den Verein einträten. Da sich nur 24 dafür gewinnen ließen, blieb dieses neue Projekt fürs Erste unverwirklicht.

Aber ein anderes Projekt, die neue Straße, wuchs Stück für Stück dem Rheintal entgegen. Raiffeisen selbst hatte die Trasse entworfen. Bei der Ausführung der Arbeiten ließ er sich von Ingenieuren beraten. Auch hier, wie damals in Weyerbusch, hatte er auf das ruhende Kapital der Gemeindewälder zurückgegriffen. Die 5000 Morgen waren bisher kaum genutzt worden, da die Brettersägen des Westerwaldes weit über ihren Bedarf mit Holz eingedeckt waren. Raiffeisen knüpfte Verbindung zu städtischen Baubetrieben und verkaufte die Stämme als Bauholz.

„Er braucht sich nur zu bücken, dann findet er Geld, so viel er braucht", sagten die Leute.

„Warum wird er selber nicht reich?" fragten andere.

Raiffeisen stellte sich solche Fragen nicht. Seine puritanische Erziehung hatte ihn Bedürfnislosigkeit und Verzicht gelehrt. Es kam ihm nicht in den Sinn, seine Begabung, Mittel und Auswege zu erfinden, auf die eigene Existenz anzuwenden. Das Notwendige war gesichert. Er hatte den Kopf frei für die Not der anderen.

Wieder war im Bürgermeisterhaus ein Kind zur Welt gekommen, ein Mädchen, das auf den Namen Anna Elisabeth getauft wurde.

„Bist du jetzt hier zu Hause?" fragte Raiffeisen bei der Tauffeier seine Frau.

„Wo die Kinder sind, ist Heimat“, sagte sie lächelnd. „Jetzt möchte ich in Flammersfeld bleiben.“

Heddesdorf: Von der Wohltätigkeit zur Selbsthilfe

Emilie Raiffeisen hatte in Flammersfeld bleiben wollen, wie sie an jedem Ort bleiben wollte, in dem sie einmal heimisch geworden war. Aber schon bald spürte sie die wachsende Unruhe ihres Mannes. Der Hilfsverein lief, die Straße wuchs. Nichts Neues war zu beginnen. Raiffeisen, mit dem ganzen Ungestüm seiner Jahre und voller Tatendrang, mochte nicht gern warten, bis die von ihm entworfenen und in der Verwirklichung befindlichen Projekte fertig wurden – das könnten auch andere besorgen. Seine Gedanken und Pläne stürmten nach vorn. Wenn er seiner Frau am Abend gegenüber-saß, beobachtete sie ihn voller Sorge, wagte aber keine Frage, bis er eines Tages selbst von der Möglichkeit eines neuen Amtswechsels zu sprechen begann.

„Der Landrat möchte mich in einen größeren Wirkungskreis versetzen", sagte er beiläufig, während er, wie üblich, im Zimmer auf und ab wanderte. Sie folgte ihm mit den Augen.

„Der Landrat!" sagte sie bitter, „warum gibst du nicht zu, dass du selbst fort willst. Flammersfeld genügt dir nicht mehr. Andere können deine Projekte weiterführen. Du möchtest anderswo neu beginnen. Ist es nicht so?"

Er antwortete nicht, aber beide wussten, dass sie die Wahrheit sprach. Wenn Raiffeisen mit dem Vorschlag des Landrats nicht einverstanden gewesen wäre, hätte er ihn zurückgewiesen.

Das Schweigen hing schwer zwischen ihnen. Schließlich war sie es, die nachgab. „Verzeih mir", sagte sie, „du weißt, dass ich mitkomme, aber es ist nicht leicht."

Andere Widerstände gegen seine Versetzung ließen sich nicht so schnell aus dem Weg räumen. Einstimmig protestierten die Ortsvorsteher gegen ein Schreiben des Landrats, in dem er ihnen mitteilte, dass Bürgermeister Raiffeisen „in Anerkennung seiner reichen Fähigkeiten und großen Verdienste bei der Sorge um das öffentliche Wohl" mit einem neuen größeren Aufgabenbereich betraut werden solle.

„Das dürft Ihr nicht annehmen, Herr Bürgermeister", beschworen sie Raiffeisen. „Ihr könnt die begonnene Arbeit nicht einfach im Stich lassen."

Raiffeisen ließ sie reden. Er freute sich über ihre Anhänglichkeit, die so schwer zu gewinnen gewesen war, aber eine eigene Meinung zu dem Schreiben des Landrats gab er nicht ab. „Ich muss mich erst besinnen, das versteht ihr doch."

An diesem Abend saß er noch lange allein in der Amtsstube und dachte nach. Ein früherer Ausspruch des Landrats kam ihm in den Sinn: „Sie sind ein Mann der Reform. Wo einmal ein Werk läuft, ist Ihr Platz nicht mehr."

Pastor Müller und die Mitglieder werden sich um den Hilfsverein kümmern, dachte er, die Gelder fließen reichlich, die Straße wächst – auch ohne mich.

Er hatte sich immer noch nicht geäußert, als auf Betreiben des Pfarrers alle Ortsvorsteher gemeinsam nach Altenkirchen zum Landrat fuhren.

„Ihr wollt also euren Bürgermeister behalten", sagte der Beamte lächelnd. „Braucht ihr ihn denn noch? Es läuft doch alles ganz gut in Flammersfeld." „Es gibt Dinge, die nur Raiffeisen machen kann", ereiferten sich die Vorsteher, „nur er kann den Hilfsverein leiten, den Straßenbau vorantreiben."

„Hat Raiffeisen euch hergeschickt?" fragte der Landrat. „Das nicht", gaben sie zu, „aber gewiss denkt er genau wie wir. Er möchte nur nicht Ihrer Anordnung zuwiderhandeln."

Der Landrat unterdrückte ein Lächeln. Er kannte den Bürgermeister Raiffeisen besser. Der würde seinen Entschluss selber fassen, auch gegen die Anordnung der Behörde, wenn es sein musste. Es wäre nicht das erste Mal …

„Wir werden uns bemühen, einen Ausweg zu finden, der alle Teile zufriedenstellt", sagte er zum Abschied. Mit diesem vagen Versprechen mussten die Bittsteller sich auf den Heimweg machen. Eine Woche später kam ein neues Schreiben aus Altenkirchen:

„… und er wird mit 24. August 1852 zum Bürgermeister von Heddesdorf bei Neuwied ernannt. Herr Raiffeisen möge die größeren Arbeiten in Flammersfeld so zu Ende führen, dass er wöchentlich einen Tag dorthin reist und nach dem Rechten sieht. Hierbei ist vor allem an den Ausbau der neuen Straße gedacht. Nach ihrer Fertigstellung verliert die vorliegende zusätzliche Verfügung ihre Gültigkeit …"

Auch damit wollten die Ortsvorsteher sich nicht zufriedengeben. „Wir brauchen unseren Bürgermeister ganz, nicht nur zeitweise." Sie bedrängten Pastor Müller, eine neue Eingabe nach Altenkirchen zu verfassen. Er schrieb:

„... und falls die Versetzung des von der ganzen Gemeinde geliebten und verehrten Bürgermeisters nicht mehr rückgängig zu machen ist, fordert die Samtgemeinde, dass durch den Landrat ein gleichwertiger Nachfolger bestellt werde. Sonst bleiben viele halb fertige weitere Arbeiten liegen, und auch die nützliche Anleitung und Beschäftigung der Armen in der Gemeinde hört auf. Herr Bürgermeister Raiffeisen hat es jederzeit verstanden, dass diesen Menschen am nachhaltigsten geholfen wurde, wenn ihnen eine erträgliche und dauernde Arbeit verschafft wurde ..."

Ein gleichwertiger Nachfolger! Der Landrat nahm sich nicht die Mühe, das Schreiben zu beantworten. Von dem letzten Brief des Pastors wusste Raiffeisen nichts, als er mit seiner Familie die Kutsche bestieg und Flammersfeld verließ.

Vor einem halben Jahr hatte Emilie ihr viertes Kind geboren. Es starb nach wenigen Monaten an einer der Kinderkrankheiten, die in der damaligen Zeit fast mit Sicherheit zum Tode führten.

Gebeugt, mit gesenkten Blicken ließ sie sich von ihrem Mann in den Wagen helfen. Sie war noch sehr schwach. Es fiel ihr schwer, ihre Niedergeschlagenheit zu verbergen, aber sie wusste, dass ihr Mann, der in jeder Situation Haltung bewahrte, es nicht gern sehen würde, wenn sie ihren Tränen freien Lauf ließe.

Das Sommerlaub der Bäume glänzte in der Morgensonne. Die Nebel eines schweren Gewitterregens zerstreuten sich. Vogelschwärme übten für die weite Winterreise in den Süden.

„Reisen die Schwalben weiter als wir?" fragte die 6-jährige Amalie.

„Sie reisen viel weiter, aber sie kommen wieder heim nach Flammersfeld."

„Kommen wir nicht mehr heim nach Flammersfeld?"

Emilie schüttelte den Kopf. Als sie sich umblickte, war das Dorf bereits hinter einer Wegbiegung versunken.

„Pastor Müller hat versprochen, uns in Heddesdorf zu besuchen", sagte Raiffeisen. „Er hat im Namen der Vorsteher eine Eingabe an den Landrat gemacht, dass ich einige Tage in der Woche für den Straßenbau in Flammersfeld freigestellt werde."

„Dann wirst du viel fort sein müssen, auch nachts, und wir bleiben allein in dem großen Haus", sagte Emilie bedrückt.

„Ich komme abends heim, das verspreche ich dir."

Wieder einmal quälte ihn der Zwiespalt zwischen den Pflichten, der immer wieder zugunsten der Öffentlichkeit entschieden wurde und von ihm selbst entschieden wurde. „Ich wollte dir nicht wehtun, Emilie", sagte er hilflos. Sie wandte sich ab.

Gegen Mittag rollte der Wagen durch die Straßen von Heddesdorf. „Wo sind denn die Bauernhöfe?" fragte Emilie.

„Heddesdorf ist der Wohnort von Industriearbeitern und Tagelöhnern, sie verdienen ihr Brot in den Fabriken von Neuwied. Bäuerlich sind nur die Kirchspiele der Umgebung."

„Dann gibt es also in Heddesdorf keine armen Leute", sagte Emilie hoffnungsvoll.

„Arme Leute gibt es überall, nur die Ursachen sind verschieden", sagte Raiffeisen.

Sie ließen die eng aneinander gedrängten kleinen Häuschen hinter sich und fuhren wieder ins offene Land hinaus.

„Warum fahren wir weiter?" fragte Amalie. „Das war doch Heddesdorf."

„Unser Haus in Heddesdorf ist noch nicht fertig", erklärte der Vater, „deshalb werden wir zunächst in Neuwied wohnen."

Von dem neuen Bürgermeisteramt mit Dienstwohnung in Heddesdorf stand vorläufig nur der Beschluss. Raiffeisens Verwaltungsgebiet bestand aus fünf Pfarreien und vierzehn Gemeinden mit zusammen 9000 Einwohnern. Der Bürgermeister selbst sollte die Aufsicht über den Bau des neuen Amtshauses führen.

Polternd rollte der Kutschwagen über das Kopfsteinpflaster der Stadt Neuwied, bog um eine Straßenecke, fuhr eine lange Häuserzeile entlang und hielt endlich vor einem alten städtischen Haus. „Wir werden hier im Rheintal glücklich sein", sagte Raiffeisen, als er seiner Frau aus dem Wagen half. „Weißt du noch, wie deine Freunde dich damals vor dem rauen Westerwald gewarnt haben? Nun bist du wieder am Rhein, von dem du damals ausgezogen bist." Während die Kinder durch die leeren Räume tollten, ließ Emilie sich auf dem einzigen Stuhl nieder und wartete. Die Möbel werden kommen, dachte sie, wir werden uns eingewöhnen, Freunde finden, heimisch werden. Und was dann?

Kurze Zeit nach seinem Amtsantritt suchte Raiffeisen das Büro eines Architekten auf. „Ich beauftrage Sie mit dem Bau eines neuen Amtshauses in Heddesdorf, wenn Sie bereit sind, es nach diesen Plänen auszuführen."

Der Architekt blickte nur flüchtig auf den Plan, den Raiffeisen vor ihm ausbreitete. Er hielt nicht viel von Bauzeichnungen aus Laienhand.

„Ich will sehen, was sich davon durchführen lässt", sagte er zurückhaltend, „aber ich fürchte, dass Sie nicht viel mehr vom Bauen verstehen als ich von den Aufgaben eines Bürgermeisters."

„Was wissen Sie von den Aufgaben eines Bürgermeisters?" fragte Raiffeisen lächelnd.

„Nicht sehr viel", gab der Architekt zu. „Steuern erheben, ortspolizeiliche Vorschriften erlassen, einen Jahresvorschlag für das Gemeindebudget aufstellen ..."

„Wie wär's mit einem kurzfristigen Tausch?" Raiffeisens Augen blinkten vergnügt hinter den Brillengläsern. „Ich glaube, vom Bauen verstehe ich ein wenig mehr als Sie von der Bürgermeisterei. Auf der Inspektionsschule in Koblenz habe ich sogar eine Prüfung in der Fertigung von Plänen für Straßen-, Brücken- und sonstige Bauten ablegen müssen."

„Dann wollen wir doch lieber auf den Tausch verzichten", sagte der Architekt und vertiefte sich in den Plan.

Später zeigte sich, dass nur wenige, geringfügige Ergänzungen des vorliegenden Bauplans nötig waren, sodass der Architekt zugeben musste: „Das neue Amtshaus ist bereits im Entwurf Ihr alleiniges Werk, Herr Bürgermeister."

Einen Tag jeder Woche widmete Raiffeisen dem Straßenbau in Flammersfeld. An solchen Tagen frühstückte er um vier Uhr. Punkt fünf Uhr rasselte der Wagen in die Dunkelheit hinein. Um zehn Uhr erwarteten ihn die Werkführer in Flammersfeld. Nach der Arbeitsausgabe aß er eilig zu Mittag, besuchte am Nachmittag alle Baustellen und fuhr um fünf Uhr wieder ab, fünf Stunden lang im rüttelnden Kutschwagen. Meist war er so erschöpft von diesem überfüllten Tag, dass der Kutscher ihn in Neuwied aus tiefem Schlaf wecken musste.

Im Dezember 1853 bezog Raiffeisen mit seiner Familie das neue Amtshaus in Heddesdorf. Er war 35 Jahre alt, ein junger Mann voller Energie und Arbeitskraft, angetrieben von immer neuen Einfällen und Plänen. Noch waren die Raiffeisens nicht ganz heimisch darin, als ein nächtlicher Überfall den Frieden störte.

Mitten in der Nacht erwachte Raiffeisen von einem seltsamen Geräusch: ein leises Scharren, das aus den unteren Amtsräumen zu kommen schien. Emilie richtete sich auf. „Vielleicht hat der Sekretär unsere Katze eingeschlossen?"

„Ich gehe und sehe nach", sagte ihr Mann.

„Und wenn es ein Einbrecher ist?"

„Dann schließe ich einfach die Tür ab, und er sitzt in der Falle, bis die Polizei ihn abholt."

Im Dunkeln stieg er die Treppe hinunter und öffnete lautlos die Tür zum Amtszimmer. Im Licht einer abgeblendeten Sturmlaterne stand ein maskierter Mann. Auch dieser hatte ihn gesehen und starrte ihn an. Es war zu spät, sich zurückzuziehen und die Tür abzuschließen.

„Was suchen Sie hier?" fragte Raiffeisen.

Ohne ein Wort stürzte sich der Einbrecher auf ihn. Sie prallten schwer gegen die Tür, die mit einem Knall ins Schloss fiel. Blitzschnell besann sich Raiffeisen auf seine militärische Ausbildung in der Selbstverteidigung. Er hob den Einbrecher an den Knien hoch und warf ihn hinter sich. Dröhnend schlug er auf den Boden, kam aber gleich wieder auf die Füße. Im Hin und Her des Ringens gelang es ihm, ein Messer aus der Tasche zu ziehen. Raiffeisen fasste die zustoßende Hand am Gelenk und drehte sie, bis die Finger sich öffneten und das Messer fallen ließen. Er stieß es mit dem Fuß weit fort und packte den Einbrecher mit einem harten Griff, aus dem er sich nicht mehr befreien konnte.

Emilie, die das Gepolter hinter der verschlossenen Tür mitangehört hatte, war indessen zu Nachbarn gelaufen, um Hilfe zu holen.

Der Einbrecher hielt jetzt still. „Lassen Sie mich los", stöhnte er, „ich habe aus Verzweiflung eine Dummheit gemacht. Den schweren Kassenschrank hätte ich sowieso nicht öffnen können."

„Darüber soll das Gericht entscheiden", sagte Raiffeisen. „Sie haben nichts davon, wenn Sie mich der Polizei übergeben, aber mich richten Sie für immer zugrunde. Lassen Sie mich laufen, sonst räche ich mich, sobald ich wieder frei bin."

„Mir können Sie nicht drohen", sagte Raiffeisen. „Das mit der Rache werden Sie sich noch einmal überlegen."

Der Mann bäumte sich unter seinem Griff, dann gab er plötzlich auf und fing an zu jammern und zu schluchzen.

„Wenn Sie mich ins Gefängnis schicken, komme ich nie wieder hoch."

„Kommen Sie zu mir, wenn Sie Ihre Strafe abgebüßt haben", sagte Raiffeisen, „ich werde Ihnen helfen, rechnen Sie auf mich."

Schwere Schritte erklangen im Flur. Einige Polizisten betraten den Raum und nahmen den Einbrecher fest. Raiffeisen gab den Hergang zu Protokoll. Er nahm sich vor, den Namen des Einbrechers zu behalten: Thomas Wendt. Als er ins Schlafzimmer zurückkehrte, fand er Emilie dem Tode nahe. Sie hatte vor Schreck einen Herzanfall erlitten. Ein Nachbar rannte nach dem Arzt, der nur wenige Häuser die Straße hinunter wohnte. Er kam sofort, und es gelang ihm, das Schlimmste abzuwenden.

„Das ist noch einmal gut gegangen", sagte er, als er mit dem erschütterten Ehemann die Treppe hinabstieg. „Das Herz Ihrer Frau ist sehr geschwächt. Sie darf keine Aufregungen, keine Anstrengungen haben, sonst könnten Sie sie eines Tages plötzlich verlieren."

Raiffeisen verabschiedete sich rasch. Er musste die Zähne zusammenbeißen, weil ein schrecklicher Schmerz hinter seinen Augen wühlte. Mühsam schleppte er sich die Treppe empor, tastete im oberen

Flur, lehnte sich schwer gegen die Wand. Entsetzen lähmte ihn. Ich sehe nichts, durchfuhr es ihn, ich bin blind! Es dauerte eine Weile, bis das verschwommene Wogen vor seinen Augen nachließ und er die Umgebung wieder wahrnehmen konnte. Er raffte sich zusammen und betrat das Krankenzimmer.

Emilie blickte ihm unruhig entgegen. „Wo bleibst du so lange? Was hat der Doktor gesagt?"

Raiffeisen suchte nach beruhigenden Worten. „Die Sache mit dem Einbrecher hat dich zu sehr aufgeregt. Du musst dich jetzt ganz ruhig halten und jede Aufregung vermeiden." Von dem gefährdeten Herzen sagte er nichts, auch seinen Kopfschmerz und die Sehstörung verschwieg er.

Nur langsam erholte sie sich von den Nachwirkungen des Schocks. Beide hatten sie ein Warnzeichen bekommen: die Augen – das Herz! Die Angst vor Krankheit blieb wie ein drohender Schatten neben ihnen. Aber Raiffeisen brachte es nicht fertig, sich zu schonen und mit halber Kraft zu fahren. Entschlossen wandte er sich neuen Aufgaben zu.

„Was wird aus Leuten wie diesem Thomas Wendt, wenn sie aus der Haftanstalt entlassen werden?" fragte er seinen Schwager Renkhoff, dessen Pfarre nicht weit von Heddesdorf entfernt war.

„Sie haben es schwer, eine Anstellung zu finden", gab der Pfarrer zu. „Niemand traut ihnen über den Weg. Wenn sie kein Glück haben, besteht die Gefahr, dass sie wieder in die Gewohnheit des Verbrechens zurückfallen. Aber wir könnten versuchen, diesem Wendt einen Arbeitsplatz in meiner Gemeinde zu besorgen."

„Das wäre nur der eine Fall", sagte Raiffeisen nachdenklich. „Man müsste versuchen, allen zu helfen. Was wir brauchen, ist ein Zusammenschluss von Leuten, die bereit sind, Geld zur Verfügung zu stellen, um solchen Notständen abzuhelfen. Jeder müsste dem Verein bei normaler Verzinsung und befristeter Zeit den Betrag zur Verfügung stellen, den er gerade entbehren kann. Von diesem Geld leiht der Verein für kurze Zeit an Notleidende eine Anfangsunterstützung. Außerdem könnten bereits bestehende soziale Einrichtungen durch solche Mithilfe unterstützt und leistungsfähiger gemacht werden."

Renkhoff sagte seinen Beistand zu, und wieder einmal begann Raiffeisen eine Vertrauenskampagne. Er rief seine Freunde in Neuwied zusammen: Seminardirektor Schneider, Gewerbeschullehrer Terlinden, den Arzt Doktor Schwalb, den Apotheker Dietz und den Landrat Heuberger, und erläuterte ihnen in einem Vortrag die Grundlinien des Planes. Die Reaktion war gemischt. Wohlwollen und Skepsis hielten sich die Waage. Eine spöttische Bemerkung parierte Raiffeisen mit den Worten: „Ich bitte nicht um einen Vorteil für mich. Eine Ablehnung betrübt mich, aber sie beleidigt mich nicht."

Renkhoff erinnerte an die Erfolge, die Raiffeisen bereits in Weyerbusch und Flammersfeld durch Zusammenschlüsse dieser Art erzielt hatte. „Die Idee ist ja nicht neu", sagte er, „sie hat bereits Früchte getragen, Beweise erbracht, die mit Händen zu greifen sind. Neu ist nur die Anwendung auf anderen Gebieten. Die Grundlage ist nach wie vor das Vertrauen. Es wird so viel über die Rückständigkeit und das Misstrauen der ländlichen Bevölkerung geschimpft. Hier sind wir unter Städtern. Wollen wir hinter den Leuten von Weyerbusch und Flammersfeld zurückstehen?"

Aus dem engen Kreis der Freunde wurde die Anregung weitergetragen. Schließlich erklärten sich 58 Bewohner aus Heddesdorf und seinen Kirchspielen bereit, dem Heddesdorfer Wohltätigkeitsverein beizutreten. Die Geldanleihen flossen so reichlich, dass es nicht nötig war, fremdes Kapital auszuleihen. Die eingelegten Mittel dienten den verschiedensten Zwecken, die sich den Arbeitsbedingungen dieses Gebietes anpassten. Auch hier bekamen unbemittelte Bauern Geld, um Vieh anzukaufen. Aber auch kleine Gewerbetreibende erhielten Anleihen, die in produktivem Sinne ihre Not lindern und auf weite Sicht überwinden helfen sollten. Weitere Aufgaben des Vereins legte Raiffeisen in Paragraf 2 der Vereinsstatuten fest:

„Von dem Gesichtspunkt ausgehend, dass durch die Hebung der leiblichen Wohlfahrt auch die geistige gehoben wird, hat der Verein den Zweck, für die erstere nach Möglichkeit zu wirken und seine Wirksamkeit auszudehnen. Namentlich soll sich aber diese auf die Fürsorge für verwahrloste Kinder und deren Erziehung, auf die Beschäftigung arbeitsscheuer Personen und entlassener Sträflinge, auf die Beschaffung von Vieh für unbemittelte Landwirte und endlich auf die Errichtung einer Kreditkasse für die geringere Klasse erstrecken ..."

Der Bürgermeister verfasste selbst die Protokolle über die Vereinsbeschlüsse. In den trockenen Worten seiner Aufzeichnungen steckt viel Elend und viel Hilfsbereitschaft.

„... das Waisenkind des Franz Klabach, welches bei Ludwig Klabach untergebracht ist, muss anderswo untergebracht werden, da Ludwig Klabach dieses nicht erziehen kann. Es wird deshalb an den Präses des Vereinsvorstandes, Herrn Bürgermeister Raiffeisen, das Ersuchen gestellt, sich um die anderweitige Unterbringung zu kümmern."

„... Es wurde beschlossen, den 10-jährigen, verwahrlosten Knaben Jakob Andrä auf Kosten des Vereins bei einer christlichen Familie unterzubringen. Bürgermeister Raiffeisen wird mit der Ausführung dieses Beschlusses betraut."

„... Herr Bürgermeister Raiffeisen beantragt die Unterbringung der Anna Maria Zorn, 13 Jahre alt, Tochter des Johannes Zorn zu Melsbach, bei einer ordentlichen Familie zu Neukirchen für jährlich 12 Reichsthaler und die Kleidung. Der Antrag wurde genehmigt."

„... Es wurde sodann beschlossen, ein verkommenes Kind, die älteste Tochter des Hermann Ried zu Wollendorf, irgendwo zur Rettung unterzubringen. Herr Bürgermeister Raiffeisen erklärte sich bereit, nach einer geeigneten Familie Umschau zu halten."

„... Das in voriger Sitzung zur Unterbringung vorgeschlagene Kind des Hermann Ried zu Wollendorf wurde bei der Familie Rein in Gmünden untergebracht. Der Verein will dazu 30 Reichsthaler einschließlich der Kleidung bewilligen und bittet den Bürgermeister Raiffeisen um weitere Durchführung und Überwachung."

„... Dem gewesenen Sträfling Hermann Balt zu Oberbieber wurde zu Altwied ein redlicher Arbeitsplatz verschafft und für ordentliche Kleidung 3 Reichsthaler 9 Silbergroschen bewilligt."

„... Der Bauer Friedrich Reinhar zu Oberbieber beantragte zum Ankauf einer Kuh ein Anleihen von 30 Reichsthalern unter Bürgschaft des Bauern Johann Reinhard dortselbst. Dieser Antrag wurde genehmigt und die Auszahlung mit gleichem Tage verfügt."

„... Rückkaufvertrag: Jakob Kurz zu Datzeroth ist mit Hab und Gut in den Händen des Wucherers. Der Verein hat beschlossen, das Haus für Kurz zurückzukaufen. Der Handel mit dem Wucherer ist für 200 Reichsthaler abgeschlossen worden. Die Bedingungen sind folgende:

1) Der Wucherer verkauft an die Eheleute Jakob Kurz Haus, Stall, Hofrath usw. 2) Der Wohltätigkeitsverein ist Zahlensmann und bekommt solange das Kaufobjekt zum Unterpfand, bis Kurz den Kaufschilling an den Verein zurückgezahlt hat. 3) Das Recht an dem Gemeindelosholz des Jakob Kurz soll ebenfalls dem Verein solange zustehen, bis die ganze Schuld getilgt ist. Es wird indessen dem Präses des Vereins überlassen, wenn es notwendig ist, dem Kurz die Reiser von dem Losholz zu belassen. 4) Jakob Kurz muss innerhalb von zehn Jahren die Schuld in zehn gleichmäßigen Raten abzahlen."

Es wurde beschlossen, es wurde beantragt, es wurde verfügt ...

Jede dieser Eintragungen schloss mit einer Maßnahme zur Linderung und Besserung, mit einem Hoffnungsschimmer für die Geschlagenen und Ausgestoßenen der Gesellschaft. Mit den Jahren füllten sich dickleibige Bücher mit Hunderten solcher Protokolle, die heute noch vom Segen dieser Arbeit Rechenschaft ablegen. Eines Nachmittags klopfte eine zögernde Hand an die Wohnungstür der Raiffeisens. Emilie öffnete und wurde blass vor Schrecken.

„Sie erkennen mich wieder, nicht wahr?" Der Mann drehte verlegen den Hut in der Hand. „Ich bin Thomas Wendt. Heute Morgen haben sie mich in Koblenz entlassen."

„Und da sind Sie sofort hierher gekommen?" fragte Emilie. Angst würgte ihr die Stimme ab. Sie war allein mit den Kindern in der Wohnung. Ihr Mann würde erst am Abend zurückkommen. Ihr Herz klopfte so heftig, dass sie einen neuen Anfall befürchtete.

„Sie brauchen keine Angst zu haben", sagte Wendt. „Ich komme, weil Ihr Mann mir ins Gefängnis geschrieben hat, er würde sich nach meiner Entlassung für mich einsetzen."

„Mein Mann ist nicht zu Hause", sagte sie zögernd.

„Dann gehe ich wieder", sagte er, „vielleicht komme ich noch einmal, wenn Ihr Mann zurück ist."

Langsam stieg er die Treppe wieder hinab. Frau Raiffeisen sah seinen gebeugten Rücken, den schleppenden Schritt. Sie biss die Zähne zusammen. „Kommen Sie herein", rief sie dann, „Sie haben sicher Hunger."

Mit großen Augen sahen die Kinder zu, wie der Fremde seine Suppe löffelte und Brot in großen Brocken in den Mund steckte.

„Was will der Mann?" flüsterte Amalie.

„Papa hat ihn eingeladen", sagte Frau Raiffeisen.

„Sie haben mich nicht weggeschickt", sagte Wendt beim Abschied, „das vergesse ich Ihnen nie."

Am Abend kam er zusammen mit Raiffeisen zurück. Er hatte draußen auf ihn gewartet.

„Heute Nacht schlafen Sie bei uns im Gästezimmer", sagte Raiffeisen. „Morgen gehen Sie dann mit einem Brief von mir zu Pastor Renkhoff nach Anhausen. Er weiß Bescheid. Der Besitzer des Ziegelwerks von Melsbach gibt Ihnen für die nächste Zeit Arbeit und Wohnung. Ihre neuen Arbeitskameraden wissen nicht, woher Sie kommen. Der Ziegeleibesitzer Kronfuß ist Mitglied unseres Vereins und beschäftigt Sie, weil ich für Sie bürge."

„Vor einem Jahr ...", begann Wendt. Raiffeisen winkte ab. „Darüber reden wir nicht mehr und denken auch nicht daran", sagte er. „Raffen Sie alle Kraft zusammen für einen neuen Anfang, dann wird es schon gut gehen."

Einige Jahre lang arbeitete der Wohltätigkeitsverein mit gutem Erfolg. Die Mitglieder waren wohlhabende Bewohner des Gemeindebezirks Heddesdorf, die ihre in der Vereinskasse angelegten Gelder nicht angreifen mussten. Aber allmählich ließ das Interesse nach. Raiffeisen musste ein Teilgebiet nach dem anderen fallen lassen, als erstes die Sorge für die entlassenen Sträflinge, dann die Unterbringung verwahrloster Kinder. Nach sechs Jahren wurde ihm klar, dass er auch auf den Ausbau einer Volksbücherei, der ihm besonders am Herzen lag, verzichten musste. Nur die Darlehnskasse für unbemittelte Landwirte wurde fortgeführt. Aber auch dafür erlahmte die Teilnahme der Mitglieder. Die ausgeliehene Summe war inzwischen auf 20000 Taler angewachsen, und die Mitglieder fingen an, sich Sorgen um ihr Geld zu machen. Keiner wollte am Ende doch noch einen Verlust erleiden. Es wurde die Forderung laut, keine weiteren Gelder mehr auszuleihen. Raiffeisens Auffassung, dass der Verein nur auf Nächstenliebe und Christenpflicht gegründet sein sollte, ohne den Mitgliedern Gewinn zu bringen, fand immer weniger Anklang.

Nach 8-jährigem Bestehen des Vereins berief Raiffeisen wieder einmal die Mitglieder zu der üblichen Jahresversammlung. Die meisten folgten seiner Einladung, aber noch ehe er das Wort ergriff, spürte er den Widerspruch, der sich vorbereitete. Das Gemurmel unter den Mitgliedern hatte etwas Feindseliges. Er erhob sich und bat den Rechner des Vereins, Lehrer Lauff, die Bilanz vorzulegen.

Lauff verlas die Aufstellung der Ausleihen – in diesem Vereinsjahr waren es weit über zweihundert – und gab die Eingänge an Rückzahlungen bekannt. Wieder einmal erwies die Jahresbilanz, dass kein Verlust eingetreten war.

Dennoch blieb die Stimmung eisig. Unlust an der Weiterführung des Vereins stand in den Gesichtern geschrieben. Nur aus Rücksicht auf Raiffeisen zögerten die Versammelten, die Auflösung des Vereins zu fordern.

Raiffeisen wirkte blass und angestrengt, als er von Neuem das Wort ergriff. „Nun gut, meine Herren, wenn Sie nicht mehr mitmachen wollen, dann gehe ich hinaus auf die Landstraßen, an die Zäune und hole mir die Armen selber, die Blinden, die Lahmen …"

Er blickte in die Runde, niemand sprach, niemand wollte ihm offen in die Augen sehen. Ich habe sie verloren, dachte er. Wieder spürte er, wie allein er war auf der Suche nach neuen Wegen aus dem Dilemma von Armut und Teilnahmslosigkeit. Dennoch war er nicht imstande, die Pläne, die ihn schon seit Jahren erfüllten, endgültig zu begraben.

Er war mit dem Gedanken umgegangen, aus der geringen Spanne zwischen Darlehn und Schuldzins allmählich einen Fonds zu bilden, der unangetastet bleiben sollte, bis er die Höhe von etwa 5000 Talern erreicht hätte. Dann sollte er geteilt werden. Je 2500 Taler sollten für eine Stiftung „Armen- und Krankenanstalt zu Heddesdorf" und für eine zweite Stiftung „Lehrerbesoldungsfonds für die Kirchspiele des Gemeindebezirks Heddesdorf" günstig verzinslich angelegt werden. Nach wenigen Jahrzehnten hätte dieses Kapital samt den dazugeschlagenen Zinsen ausgereicht, beide Stiftungen zu finanzieren. Die Statuten hatte er bereits entworfen. Sollte er das nun alles aufgeben? War die Idee der Nächstenliebe nicht geeignet, die Arbeit weiterzutragen?

Ich muss eine Konzeption finden, die alle Mitglieder für immer zusammenhält, sagte er sich. Zum ersten Mal ließ er sich herbei, den Verein mit den Augen der Mitglieder zu betrachten. Sie empfanden es als Mangel, dass keiner von ihnen einen direkten Vorteil genoss. Offenbar war es auf die Dauer nicht möglich, Menschen dazu zu bringen, ohne eigennützige Motive und Profit ihre Arbeitskraft und ihr Geld einzusetzen. Es fiel ihm schwer, mit dieser bitteren Einsicht fertig zu werden, und er war dankbar, als Emilie ihm einen mehrtägigen Fußmarsch durch die Wälder des Westerwaldes vorschlug. „Du quälst dich unablässig mit den gleichen Gedanken", sagte sie. „Mach dich ein paar Tage frei, und lass frische Waldluft in deinen Kopf."

Am frühen Morgen wanderte er los. Hinter Oberbieber betrat er den Buchenwald. Das Grün tat seinen Augen wohl. Er atmete tief. Die Wirrnis in seinem Kopf klärte sich. Allmählich gelang es ihm, die Einsicht der letzten Tage zu bewältigen und sich auf die veränderten Gegebenheiten umzustellen. Sofort meldete sich eine neue Idee, die er Schritt für Schritt verfolgte, während er, leise vor sich hinredend, zwischen den Stämmen wanderte.

Das Interesse jedes einzelnen Mitgliedes musste geweckt, ein äußeres Mittel gefunden werden, das sie unlöslich mit dem Verein verband. Nicht der Profit – zu diesem Zugeständnis war er nicht bereit. Zum Schluss der letzten Versammlung hatte er selbst gesagt: „Dann gehe ich eben hinaus auf die Landstraße, an die Zäune, und hole mir die Armen, die Blinden und Lahmen ..." Bitterkeit stand hinter diesem Ausspruch, jetzt erschien er ihm in einem anderen Licht. Wenn es nun hieße: ich bringe auch die Schuldner als Mitglieder in den neuen Verein?

Persönliches Interesse muss das Band werden, das alle, Schuldner und Gläubiger, zusammenhält, überlegte er. An dieser Stelle des Gedankengangs hielt er inne und blickte noch einmal auf die Arbeit der vergangenen Jahre zurück. Bei den Vereinen, die er bisher in Weyerbusch, in Flammersfeld, in Heddesdorf aufgebaut hatte, beanspruchten die Mitglieder nichts. Ihre Bürgschaft war uneigennütziges Wirken aus Nächstenliebe. 15 Jahre hindurch hatte er hartnäckig an diesem Grundsatz festgehalten. Aber sowohl in Weyerbusch als auch in Flammersfeld hatten sich die Vereine aufgelöst, sobald er selbst ihnen nicht mehr vorstand. Jetzt geschah nach acht Jahren fruchtbarer Arbeit das Gleiche in Heddesdorf, obwohl er selbst noch da war.

Renkhoff hatte einmal zu ihm gesagt: „Die direkte Hilfe ohne Gegenleistung des Beschenkten schläfert mit der Zeit den Willen zur Selbsthilfe ein. Das kann sich als Nachteil auswirken."

Auch Raiffeisen selbst hatte immer für Selbsthilfe plädiert, eigene Initiative hervorzurufen versucht. Nun sah er auf einmal in aller Klarheit das Ziel einer Sozialreform vor sich. Er beschleunigte seinen Schritt, als könne er es gehend erreichen. So einfach schien es ihm plötzlich, so selbstverständlich. Aus dem Verein der bloßen Wohltätigkeit musste ein Verband der Selbsthilfe werden. Die Hilfsbedürftigen mussten sich zur gegenseitigen Hilfe zusammentun. Jeder, der Hilfe beanspruchte, musste bereit sein, auch allen anderen zu helfen, wenn sie in Not waren. Erst aus der freiwillig übernommenen Last der Verantwortung für alle Mitglieder durfte der Einzelne das Recht ableiten, selbst Hilfe in Anspruch zu nehmen.

Heiter und zuversichtlich kehrte Raiffeisen von seiner Tageswanderung zurück. Bei der nächsten Sitzung des Vereins schlug er selbst dessen Auflösung vor. Die Neugründung trug den Namen Heddesdorfer Darlehnskassen-Verein". Neu in den Statuten erschien die Forderung, dass jeder, der ein Darlehn haben wollte, selbst dem Verein als Mitglied angehören musste. So entstand im Jahr 1864 als Frucht der Erfahrungen vieler Jahre der „Spar- und Darlehnskassen-Verein" nach dem System Raiffeisen. Das Modell der Selbsthilfe-Genossenschaft im modernen Sinn war abgeschlossen und fertig.

Krankheit und Leid

Eine Schreckensnachricht ging 1862 durch die Dörfer: In Segendorf war der Typhus ausgebrochen. Dr. Schwalbe überbrachte dem Bürgermeister die Meldung. Sofort diktierte Raiffeisen:

„Ich bitte, den folgenden Bericht unverzüglich an die königliche Regierungsbehörde in Koblenz weiterzuleiten: … unter den Einwohnern von Segendorf stellte der unterzeichnende Arzt 15 einwandfrei diagnostizierte Fälle von Typhus fest. Der Verlauf der Krankheit hat bereits in zwei Fällen, bei denen es sich um geschwächte und untererernährte Menschen aus dem Arbeiterstande handelte, zum Tode geführt. Über die Häuser, in denen Erkrankte liegen, wurde die Kontumaz – Sperre verfügt. Es wird um sofortige Anordnungen der höheren Gesundheitsbehörde ersucht."

„Was geschieht mit den Angehörigen der Kranken?" fragte Raiffeisen den Arzt. „Müssen sie bei den Kranken in den Häusern bleiben, auch wenn sie gesund sind?" „Sie können bereits angesteckt sein und andere infizieren. Dehalb müssen sie in den rigoros gesperrten Häusern bleiben."

„Und wer versorgt sie mit Lebensmitteln?"

Ohne große Überzeugung sagte der Arzt: „Es müssen Freiwillige gefunden werden, die mit aller gebotenen Vorsicht diese Familien versorgen. Sie sind natürlich selbst gefährdet."

Sofort erließ der Bürgermeister einen Aufruf, aber Freiwillige meldeten sich kaum. Die Angst vor der Ansteckung war zu groß. In einigen der betroffenen Familien gingen schon nach wenigen Tagen die Lebensmittel aus.

Raiffeisen entschloss sich, die Versorgung selbst zu übernehmen. Seine Frau war schon seit einiger Zeit nicht mehr in Heddesdorf. Nach der Geburt des fünften Kindes hatte sich ihr Herz nicht mehr erholt. Er hatte sie zu ihren Eltern nach Remagen gebracht in der Hoffnung, dass sie nach einer Zeit vollkommener Ruhe wieder zurückkehren könne. Die Töchter versorgten, so gut sie es vermochten, den Haushalt. Rudolf, der einzige Sohn, besuchte in Koblenz die Schule und wohnte auch dort.

Begleitet von einer älteren Lehrerin, die wie er die Gefahr der Ansteckung auf sich nahm, machte er sich auf den Weg nach Segendorf. Der von der Seuche befallene Ort war fast ausschließlich von Arbeitern bewohnt. Die Straße war leer und öde. Auch dort, wo noch keiner erkrankt war, schlossen die Leute sich in den Häusern ein, um jede Begegnung mit Angesteckten zu vermeiden. Im ersten Haus, das sie besuchten, waren drei Kranke. Der alte Arbeiter Hans Seger lag im Sterben. „Nehmt Euch meiner Frau und der Kinder an, wenn ich nicht mehr bin", bat er, den fiebrigen Blick inständig auf die Helfer gerichtet.

„Mach dir keine Sorgen", sagte Raiffeisen, „wir lassen niemanden im Stich." Mit seiner Last von Lebensmitteln und Medikamenten ging er weiter von Haus zu Haus. Nach fünf Tagen wiederholte er den Rundgang. Kurz darauf begann er selbst zu fiebern. Dr. Schwalbe dachte sofort an Ansteckung, aber die Symptome wiesen auf ein Nervenfieber hin. Bewusstlos wurde er am nächsten Tag ins Krankenhaus überführt. Als Emilie in Remagen von dem neuen Schicksalsschlag erfuhr, erlitt sie einen Herzanfall und durfte ihr Lager nicht verlassen, um den Schwerkranken zu besuchen.

Vereinsamt und mutlos standen die Kinder jeden Tag am Bett des Vaters. Er versuchte, ihnen Mut zu machen. „Haltet die Wohnung sauber. Die Mutter wird bald heimkommen. Ich habe Nachricht von ihr."

Als er nach Wochen zurückkehren durfte, war die Epidemie im Abklingen. Emiliens Zustand war unverändert. In schweres Grübeln versunken fuhr er zu einem Besuch nach Remagen. Er konnte sich der Einsicht nicht verschließen, dass seine Art zu leben und zu arbeiten die Kräfte seiner Frau erschöpft hatte. Immer wieder hatte sie ihre Wünsche und Ängste überwunden, um ihm auf seinem Weg zu folgen, bis ihr geschwächter Körper dem Opfer ein Ende machte. In den 17 Jahren ihrer Ehe hatte sie sieben Kinder geboren. Drei davon starben im Säuglingsalter, wie es bei dem damaligen Stand der Medizin die Regel war. Die große Familie, der Haushalt, die Umzüge, die Sorgen um ihren Mann und um die Sicherheit ihrer Existenz, das alles hatte sie langsam zermürbt. Ihr Herz machte nicht mehr mit.

Verstört empfing ihn Emilies Mutter an der Haustür. „Gestern hat sie wieder einen Anfall gehabt, den dritten. Wir hatten Angst, sie würde von uns gehen."

Lange saß er an ihrem Bett. Die Unterhaltung war spärlich und versiegte dann ganz. Jedes Wort strengte sie an. Mit den Augen versuchte er, ihr zu sagen, wie er mit ihr litt. Seine Sehkraft hatte in der letzten Zeit rapid nachgelassen. Trotz der Nähe sah er ihr Gesicht nur verschwommen.

Am nächsten Tag fühlte sie sich etwas besser. Er konnte ihr von den Kindern erzählen: von den Mädchen, die in der Schule gut lernten und, so gut es ging, den Haushalt führten. Nur von Rudolf war wenig Erfreuliches zu berichten. Er war vielseitig begabt, hatte aber wenig Lust zu lernen und zu arbeiten. Immer wieder entzog er sich der gestrengen Ordnung des Elternhauses, berauschte sich an flüchtigen Plänen und Aufschneidereien. Dem Vater und seinen unerbittlichen Forderungen wich er aus. Nur die Mutter, die er zärtlich liebte, hatte Einfluss auf ihn. Nun war die fort, dem Vater war er entfremdet. „Er ist ernster geworden, seit er von deiner Krankheit weiß“, sagte Raiffeisen, „ich hoffe, dass er nicht sitzenbleibt.

„Seine tastenden Handbewegungen verrieten Emilie, dass es mit seinen Augen schlimmer geworden war. Er versuchte, ihre Sorge zu zerstreuen. „Kurzsichtige wirken nun einmal hilflos“, sagte er. „Du merkst es nur, weil du mich länger nicht gesehen hast.“

Aber als er an diesem Abend in Heddesdorf von der Posthaltestelle nach Hause ging, musste er seinen Weg an den Wänden entlang ertasten. Menschen und Fahrzeuge glitten wie Schatten an ihm vorüber. Er erkannte niemanden. Erstaunte Blicke folgten ihm. Die ganze Nacht quälte er sich mit der Angst, seinen Dienst nicht mehr versehen zu können.

Am nächsten Morgen nahm er schweren Herzens die Arbeit wieder auf. Der Amtsschreiber war der erste, der das Fortschreiten der Krankheit wahrnahm.

Besorgt beobachtete er seinen Chef, wenn der ein Schreiben dicht vor die Brillengläser hielt. Wenn Raiffeisen eine Unterschrift leisten musste, zögerte er solange mit der Feder in der Hand, bis der Amtsschreiber ihm die Stelle wies.

„Ihr sollt Eure Augen schonen, Herr Bürgermeister!"

Diese Mahnung eines Außenstehenden bereitete Raiffeisens gewaltsamer Selbsttäuschung ein Ende. Er holte von zwei Ärzten Gutachten ein. Sie erklärten übereinstimmend, dass die Netzhaut durch das Nervenfieber gelitten habe und größter Schonung bedürfe.

In einem Zustand tiefer Hoffnungslosigkeit schrieb Raiffeisen am 29. August 1862 an seine vorgesetzte Behörde:

„... nicht nur das schwache Licht meiner Augen würde durch eine weitere Tätigkeit als Bürgermeister vollkommen ruiniert, sondern es treten auch immer wieder Kopfbeschwerden auf, die so heftig sind, dass sie mich bei ihrem Eintritt arbeitsunfähig machen. Wie mein ganzer Körper, so leiden dann besonders meine schwachen Augen, sodass mir während dieses Leidens schriftliche Arbeiten besonders schwer fallen, und einmal ganz unmöglich werden ... Wenn ich mit der Hälfte meines Gehaltes in den Ruhestand treten könnte, hoffte ich, bei größter Sparsamkeit meine Familie wenigstens vor dem Hunger schützen zu können ..."

Wie sollte es nun weitergehen, für ihn, die kranke Frau, die große Familie? Einige Jahre hatte er als Verwaltungsbeamter, danach 17 Jahre als Bürgermeister gearbeitet. Mehr als eine Gnadenpension war nicht zu erwarten.

Alarmiert durch den Brief kam der Landrat des Kreises Neuwied nach Heddesdorf und ließ sich berichten. „Die Schwächung Ihrer Sehkraft ist eine Folge des Nervenfiebers", versuchte er Raiffeisen zu beruhigen. „Wenn Sie ganz wiederhergestellt sind, werden sich auch die Augen bessern. Wer wird so schnell die Flinte ins Korn werfen?"

Auf einer Versammlung der Bürgermeister des Kreises sprachen sich alle gegen Raiffeisens Antrag aus. Statt dessen beantragten sie bei der Regierung in Koblenz einen ausreichenden Genesungsurlaub. Der wurde von der Behörde auch gewährt. Raiffeisen zog seinen Antrag zurück. Bald zeigte sich, dass für ihn die Untätigkeit kein Heilmittel war. Sorgen und Ängste verfolgten ihn auf den langen Waldspaziergängen. Ein quälender Kopfschmerz ließ ihn nicht zur Ruhe kommen. Jedes Geräusch; der Gesang eines Vogels, das Knacken eines Zweiges unter seinen Füßen, marterte ihn. Jedes Wort, das er mit Anderen wechselte, bereitete ihm unerträglichen Schmerz. Er meinte, die Nähe des Todes zu spüren.

In der Einsamkeit seiner Krankheit versuchte er sich schriftlich mitzuteilen. Tief über das Papier gebeugt, schrieb er unter Schmerzen einen viele Seiten langen Brief:

„... Die Sorge um meine innig geliebte Frau steigert mein nervöses Leiden und droht, mich ganz niederzudrücken. Es fällt mir schon schwer, mich aufrecht zu halten. Ich suche die Einsamkeit und leide dennoch nicht weniger, wenn ich allein bin. Der Gedanke, meine heiß geliebte Emilie zu verlieren, ist mir ganz unerträglich. In der verflossenen, schlaflosen Nacht war mein Zustand derart, dass ich einen Schlaganfall befürchtete. Ich kann mich täuschen, aber die Möglichkeit eines plötzlichen Endes ist für mich immer da …"

Das Niederschreiben seiner Sorgen gab ihm Erleichterung. Ein Abschnitt war abgeschlossen. Voller Erstaunen begriff er, dass das Leben weiterging.

Als er aus dem Urlaubsort im Westerwald nach Heddesdorf zurückkehrte, erschien ihm das Haus leer und öde. Er spürte die Sehnsucht der Kinder, wieder eine richtige Familie zu sein.

„Kommt", sagte er kurz entschlossen, „wir fahren alle miteinander zu Mutter."

Die Schwiegermutter erschrak, als sie das verwaiste Häuflein vor der Tür stehen sah. „Emilie verträgt keine Aufregung", warnte sie. „Sitzt still am Bett und sprecht nur, wenn sie euch etwas fragt."

Die Kranke umfasste ihre Familie mit einem müden Blick. Der Schweiß stand ihr auf der Stirn, obwohl sie bewegungslos dalag. Selbst der Anblick der Kinder war ihr eine zu große Belastung. Bang schlichen sie hinaus. Sie wussten nun, dass die Mutter noch lange nicht heimkehren würde. Raiffeisen blieb allein bei der Kranken. Sie sprachen leise. Der Ausdruck von Angst wich nicht aus ihrem Blick.

„Du darfst nicht an eine vorzeitige Pensionierung denken", bat sie. „Was du brauchst, ist eine längere Erholung. Geh doch für ein paar Wochen in die Heimat deines Vaters, nach Schwäbisch Hall."

Er schüttelte den Kopf. „Ich mag nicht so weit von dir fortgehen." Inzwischen war der Arzt dazugekommen. „Ihre Frau ist ruhiger, wenn sie weiß, dass Sie sich erholen", sagte er. „Machen Sie sich um sie keine Sorgen. Sie ist auf dem Weg der Besserung." Raiffeisen ließ sich überreden, für eine Woche in die Eifel zu fahren. „Das ist nicht weit", sagte er, „ich kann schnell bei dir sein, wenn du mich brauchst."

Er nahm ein Zimmer in Mayen, wo er vor 20 Jahren als junger Verwaltungsbeamter gearbeitet hatte, und unternahm täglich lange Wanderungen durch die Eifelwälder. Seine Kräfte kehrten langsam zurück, und die Arbeit lockte wieder. Er entwarf einen Plan für den Bau einer Bahnlinie durch den Westerwald. Sie sollte vom Rhein aus die Wied entlang bis nach Au an der Sieg führen.

Eines Tages zwang ihn ein Gewitter, vorzeitig von einer Wanderung zurückzukehren. In der Pension erwartete ihn ein Bote mit einem Schreiben, das er persönlich übergeben sollte. Sobald er seinen Auftrag ausgeführt hatte, empfahl er sich eilig.

Der Brief kam aus Remagen. Hastig riss Raiffeisen den Umschlag auf. Seine Augen hatten sich so sehr gebessert, dass er mit einer starken Brille lesen konnte. Angst stieg ihm in die Kehle, als er die Schrift seines Schwiegervaters erkannte.

„Lieber Friedrich Wilhelm!

Es ist so schrecklich, dass ich es Dir fast nicht schreiben kann: Emilie ist heute früh ganz plötzlich verschieden. Ein Herzschlag hat …"

Die Schriftzüge verschwammen vor seinen Augen.

Das Gewitter hatte Mayen erreicht. Staubwolken stoben auf, Türen und Fenster schlugen zu. Er tastete nach einem Stuhl und setzte sich. Gegen die Holzwand prasselte der Hagel. Die Blitze gruben sich wie Messer in seine Augen. Er bedeckte sie mit der Hand. „Es ist nicht wahr", murmelte er, „es kann nicht sein. Sie kann mich nicht einfach allein lassen, mit den Kindern ..." In der gleichen Nacht fuhr er durch Sturm und Regen nach Remagen. Der Rhein lag im blassen Morgenlicht, als er die Promenade entlang rollte. Es war der 28. Juli 1863. Emilie Raiffeisen lag still auf ihrem Bett, fast unverändert – wie zu Zeiten ihrer Krankheit. Er blieb lange mit ihr allein.

Nach dem Begräbnis kehrte er unverzüglich nach Heddesdorf zurück. Er wollte keinen Urlaub mehr. Nur die Arbeit konnte ihm helfen, diesen Schlag zu überwinden. Ich muss für die Kinder sorgen! Daran hielt er sich fest, fühlte sich in diesem Gedanken mit der toten Emilie vereinigt. Ich muss für die Kinder sorgen!

Wochen später berief ihn der neu ernannte Landrat von Runkel in sein Amt in Neuwied. „Wir fürchten für Ihre Gesundheit, die sicherlich durch den Verlust Ihrer Frau gelitten hat", sagte er. „Nehmen Sie noch einmal Urlaub, damit Sie zur Ruhe kommen und sich richtig erholen können."

„Ich will keinen Urlaub", sagte Raiffeisen. „Es tut mir nicht gut, untätig dazusitzen und an meine Gesundheit zu denken. Ich muss arbeiten, für meine Kinder." Der Landrat legte ihm ein Schreiben vor. „Wissen Sie das schon?" Raiffeisen hielt das Blatt dicht vor die Brille und entzifferte mühsam die Nachricht, dass der Bahnbau durch den Westerwald von der Regierung genehmigt worden war.

Sein Gesicht erhellte sich. „Das ist eine gute Nachricht. Wann soll mit der Arbeit begonnen werden?"

Mit Zweifel im Blick sah der Landrat ihm nach, bis sich die Tür hinter ihm geschlossen hatte.

Zwei Männer erwarteten Raiffeisen in seiner Wohnung, als er eines grauen Wintertages von einem Dienstgang heimkam. Sie erhoben sich bei seinem Eintritt und stellten sich als Ortsvorsteher aus zwei benachbarten Kirchspielen vor. Raiffeisen hängte seinen Paletot an einen Haken und forderte die Gäste auf, mit ihm ins Amtszimmer zu kommen.

Die Frage, die sie auf dem Herzen hatten, war rasch formuliert: „Habt Ihr etwas dagegen, wenn wir bei uns einen Darlehnskassen-Verein nach dem Muster Eures Vereins in Heddesdorf gründen? In unseren Ortschaften sind viele in der gleichen Notlage wie die Leute von Heddesdorf vor Eurer Zeit. Wenn Ihr nichts dagegen habt, könntet Ihr uns vielleicht sogar behilflich sein."

Freudig sagte Raiffeisen seine Hilfe zu. „Wir müssen nur einen Termin verabreden", sagte er. Seine Bereitwilligkeit machte den Besuchern Mut. „Vielleicht könnten wir sogar die Statuten des hiesigen Vereins übernehmen? Wir sind einfache Bauern und verstehen uns nicht auf solche Sachen."

Raiffeisen nahm eine Abschrift der Statuten des Heddesdorfer Vereins aus dem Schrank. „Die könnt ihr gleich mitnehmen", sagte er. „Was euch zusagt, könnt ihr direkt übertragen. Zur Gründungsversammlung komme ich bestimmt."

„Wir hätten ja auch dem Heddesdorfer Verein beitreten können", sagte einer der Vorsteher verlegen lachend, „aber Ihr wisst ja, wir Bauern lassen uns nicht gern in den Topf gucken."

Zum ersten Mal seit langer Zeit empfand Raiffeisen ungetrübte Freude. Seine Idee hatte Anhänger gefunden, sein Werk breitete sich aus. Zwei Sonntage später fand die Gründungsversammlung statt, zu der Raiffeisen vom Ortsvorsteher eingeladen worden war. Er machte den Weg zu Fuß und fand im Nebenzimmer einer Gastwirtschaft etwa 30 Menschen, die ihm erwartungsvoll entgegenblickten.

Der Ortsvorsteher begrüßte die Teilnehmer, dann übergab er Raiffeisen das Wort. Wieder einmal war es an ihm, fremde Menschen zu überzeugen. Gern hätte er ihre Gesichter gesehen, aber er nahm nur verschwommene Flecken wahr.

„Liebe Freunde", sagte er, „ich kann euch kein Zaubermittel anbieten, wie Menschen, die in Not geraten sind, ohne eigene Bemühungen wieder daraus befreit werden können. Einen Weg weiß ich jedoch, den jeder gehen kann. Wenn ihr ihn alle miteinander und füreinander geht, erreicht ihr euer Ziel – die Befreiung aus der Not. Wir müssen dabei von dem Grundsatz ausgehen, dass durch die Hebung der leiblichen Wohlfahrt auch die geistige gefördert werden soll. Durch die Gewährung von Darlehn an bedürftige und strebsame Bewohner eures Kirchspiels sollen diese in den Stand gesetzt werden, die Früchte ihres Fleißes und ihrer Sparsamkeit selber zu genießen und nicht für den Wucherer zu arbeiten. Auf diese Weise sollen sie nach und nach zu einer Selbstständigkeit gelangen, die eine weitere fremde Hilfe unnötig macht und sie gegen neue Armut und ihre bitteren

Folgen schützt." Er hielt inne. Ein Gemurmel erhob sich, dem er angestrengt nachhorchte. Da er keine Gesichter sah, musste er die Stimmung den Geräuschen und der Atmosphäre entnehmen. Das Gemurmel klang wohlwollend. Erleichtert fuhr er fort: „Der Verein soll von dem Bestreben geleitet sein, die Zahl der Armen in eurem Kirchspiel zu mindern und den Wohlstand der eingesessenen Menschen zu fördern. Es soll dem herrschenden Übel abgeholfen werden, dass durch Mangel an Geld und Kredit selbst früher bemittelte Einwohner ruiniert werden, mittellose Einwohner aber überhaupt nie zu einem Besitztum oder zu einer erwünschten Selbstständigkeit gelangen. Die Hilfe darf jedoch nur, um nicht gleich zu Beginn zu einem Schaden des Vereins zu führen, zuverlässigen Einwohnern des Kirchspiels zuteilwerden, die sich in sittlicher und religiöser Beziehung gut führen und auch das Bestreben haben, sich durch Fleiß und Sparsamkeit Vermögen zu erwerben. Jeder Antragsteller muss selber Mitglied des Vereins werden und auch sichere Bürgschaft durch einen bemittelten Bewohner des Kirchspiels leisten."

Wieder unterbrach er sich. Ich darf nicht zu lange reden, sagte er sich. Die Aufmerksamkeit darf mir nicht entgleiten. Nach einer kurzen Pause setzte er zum Schlusssatz an.

„Auch die wohlhabenden Bewohner, die keines Kredites bedürfen, werden bald des Lohnes für die Mitarbeit und für die Bereitschaft, Bürge zu sein, teilhaftig, wenn sich in dem ganzen Kirchspiel die Armut der Mitbürger vermindert und die Wohltat des sozialen Friedens sich ausbreitet. Darum sollen Nächstenliebe und Christenpflicht die Grundlagen, das persönliche Interesse aber das Bindemittel eures Vereines sein."

Irgendetwas an der Stille, die seinen Worten folgte, verriet ihm, dass er gewonnen hatte. Dann prasselten die Fragen, eine nach der anderen. Er beantwortete sie alle, erklärte, berichtete aus seinen Erfahrungen. Als der Vorsteher zum Beitritt einlud, schloss keiner der Anwesenden sich aus.

„Ich glaube, es gibt noch viele Gemeinden, die gern Euren Beistand zur Linderung der Not in Anspruch nehmen würden", sagte der Vorsteher zum Abschied. „Schickt die Leute zu mir", sagte Raiffeisen, „ich werde sie gern beraten."

In den nächsten Wochen wurden Spar- und Darlehnsvereine nach dem System Raiffeisen in verschiedenen Orten gegründet. An freien Sonntagen wanderte Raiffeisen über Land und erklärte sein System in Gaststuben und Versammlungsräumen. Er spürte allenthalben, dass die Zeit für seine Idee reif war. An die Stelle jahrhundertealter bäuerlicher Lethargie war ein neuer Eifer getreten, die Verhältnisse zu durchschauen und zu verändern. Raiffeisen beriet, entwarf, steuerte Begonnenes. Die Freude an dieser Arbeit war so groß, dass er sein Augenleiden darüber fast vergaß. Nur das ärztliche Zeugnis, das er jedes Jahr bei der Behörde vorlegen musste, erinnerte ihn an die Krankheit, die sich keineswegs gebessert hatte.

Drei Jahre nach dem zurückgezogenen Pensionsantrag entdeckte der Landrat Raiffeisen auf der gegenüberliegenden Straßenseite und ging hinüber, um ihn zu begrüßen. Einer plötzlichen Eingebung folgend, ließ er die Hand wieder sinken und lüftete nur den Hut, als er knapp vorüberging.

Raiffeisen hatte die Bewegung des Armes gesehen, den Mann aber nicht erkannt. Auch er grüßte jetzt und blickte sich unsicher um. Er war nicht gewöhnt, dass ein Mensch schweigend an ihm vorüberging.

Betroffen setzte der Landrat seinen Weg fort. Kurz darauf suchte er Raiffeisen unter einem Vorwand in der Amtsstube auf.

„Wie steht es mit Ihrer Gesundheit?" fragte er beiläufig.

Raiffeisen hob die Schultern. „Das Lesen macht mir Schwierigkeiten. Kleinen Druck kann ich auch mit starken Gläsern nicht entziffern. Aber die Hauptarbeit eines Bürgermeisters liegt im Planen und Entscheiden, und mein inneres Auge ist ungetrübt."

Der Landrat wechselte das Thema. Ein dringender Brief musste in seiner Gegenwart unterschrieben werden. Raiffeisen ließ sich den Text von seinem Sekretär vorlesen. Er setzte seine große, sperrige Unterschrift auf die Stelle, die der Sekretär ihm mit dem Finger zeigte. Der Landrat behielt seine Gedanken für sich. In seinem Büro in Neuwied diktierte er einen Bericht an die Regierung in Koblenz:

„... deshalb vertreten wir die Auffassung, dass Bürgermeister Raiffeisen durch das Unglück, welches ihn mit der Schwäche seiner Augen betroffen hat, von seinen Büroangestellten allzu viel abhängig ist. Es ist anzunehmen, dass der Genannte die eingehenden Postsachen, auch die vertraulichen Erlasse, nicht mehr selber lese, sondern sich diese durch seinen

Bürogehilfen oder seine Tochter vorlesen lasse. Seine vielfachen wertvollen Eigenschaften und Leistungen will ich gewiss nicht verkennen, ebenso wenig seinen ehrenwerten braven Charakter, sodass ich im Allgemeinen sein Ausscheiden aus dem Dienst bedauern müsste. Allein die angegebenen Leiden sind meines Erachtens so erheblich, dass dem damit belasteten Mann die Führung einer großen, viel Arbeitskraft erfordernden Bürgermeisterei auf längere Zeit nicht wieder übertragen werden kann ..."

Die Regierung forderte ein Gutachten des Kreisarztes an. Der erklärte Raiffeisen nach eingehender Untersuchung für dauernd dienstunfähig.

Eines Morgens, als Amalie wie gewöhnlich am Frühstückstisch die Post öffnete und dem Vater vorlas, geriet sie an das amtliche Schreiben aus Koblenz. Sie las nur die ersten Worte: „Zufolge eines eingeholten Gutachtens ...", dann hielt sie verwirrt inne.

„Was ist, Amalie?" sagte der Vater, „lies doch weiter."

Hastig überflog sie den Inhalt. „Es ist ein Schreiben aus Koblenz für dich persönlich", sagte sie, um Zeit zu gewinnen. „Lies vor, was wünschen die Herren?" bestand er.

„Sie schreiben ... sie wünschen ..."

„Meine Pensionierung, nicht wahr?" Raiffeisen hatte nach dem unvermittelten Besuch des Landrats bereits geahnt, was sich vorbereitete. Er saß still, mit gesenktem Kopf. Amalie fühlte die tiefe Mutlosigkeit, die ihn erfüllte.

„Du musst Einspruch erheben", sagte sie heftig, „niemand kann dir Vernachlässigung deiner Pflichten nachsagen, im Gegenteil …"

„Ich bin fast blind", sagte Raiffeisen, „ich kann mein Amt nicht mehr versehen."

Tränen schossen ihr in die Augen. Sie sprang auf und lief aus dem Zimmer. Der Vater nicht mehr Bürgermeister … der Vater eine Privatperson – der Gedanke war ihr unerträglich. Ein Mann, der alles Private dem öffentlichen Interesse untergeordnet hatte, der alles, was seinen bescheidenen Bedarf überstieg, den Armen geschenkt hatte, der nie daran gedacht hatte, sein Schäfchen ins Trockene zu bringen! Wenn ihm sein Amt genommen wurde, stand er seelisch und wirtschaftlich vor dem Nichts. Sie warf sich auf ihr Bett und verbarg das Gesicht im Kopfkissen. Der Vater ging ihr nicht nach. Lina, die bestürzt aus der Küche ins Zimmer kam, musste das Schreiben zu Ende lesen. Mit schwankender Stimme las sie den letzten Satz „… und werden hiermit in den dauernden Ruhestand versetzt."

Raiffeisen spürte ihren angstvollen Blick. Sie räumte das Frühstücksgeschirr zusammen und zögerte an der Tür.

„Geh nur in die Küche", sagte der Vater. Er saß immer noch in der gleichen Haltung am Tisch, als sie die Tür leise hinter sich schloss.

Die in dem Schreiben genannte Pension betrug ein Viertel seiner bisherigen Einkünfte. Raiffeisen hatte zumindest mit der Hälfte gerechnet. Mit diesem Betrag die Familie durchzubringen, war schlicht unmöglich. Nachdem er seine Gesundheit und die seiner

Frau dem Gemeinwohl geopfert hatte, verabschiedete die Behörde ihn mit einem Hungerlohn, obwohl sein Augenleiden und die Zahl seiner Kinder bekannt waren. Bitterkeit stieg in ihm auf. Während er wie gelähmt an seinem Platz saß, türmten sich vor ihm die Aufgaben wie eine unüberwindliche Wand.

Nach langer Zeit erhob er sich und ging ins Amtszimmer. Auch jetzt noch gab er der Arbeit den Vorrang. Das Amt musste weitergeführt, die laufenden Vorhaben abgeschlossen werden. Alles andere musste warten.

Einige Tage später überbrachte Landrat von Runkel persönlich ein ehrenvolles Dankschreiben der Regierung.

„Was werden Sie anfangen?“ fragte er. „In Ihrem Alter legt man die Hände nicht in den Schoß. Hoffentlich haben Sie Ersparnisse. Ich könnte Ihnen eine Stelle in einem Neuwieder Industrieunternehmen beschaffen.“

„Noch nicht“, winkte Raiffeisen ab. „Ich muss erst zur Ruhe kommen, nachdenken …“

Noch einmal von vorn

Er war 47 Jahre alt, ein Mann, der die Arbeit liebte und brauchte, der ohne Arbeit nicht existieren konnte. Seine Frau konnte ihm nicht mehr beistehen. Die Kinder – 10, 12, 17 und 19 Jahre alt – waren zu jung, um an seinen Sorgen teilzunehmen. Pfarrer Renkhoff von Anhausen suchte ihn auf, sobald er von der Pensionierung des Schwagers erfahren hatte. Er versuchte, ihm Mut zu machen. „Nun bist du frei für dein eigentliches Werk, die Ausbreitung der Darlehnsvereine."

„Vergiss nicht, dass diese Arbeit unentgeltlich ist", sagte Raiffeisen. „An die Mitglieder dürfen keine Gewinne ausgeschüttet werden."

„Ich weiß", sagte der Pfarrer bedrückt. „Ich will nur sagen, dass hier eine Aufgabe ist, die allein du bewältigen kannst."

„Danke", sagte Raiffeisen, „aber das Wichtigste muss zuerst getan werden – die Kinder. Ich muss eine neue Existenz gründen."

Er suchte den Besitzer einer kleinen Zigarrenfabrik auf, der sein Unternehmen gegen eine sichere Rente verkaufen wollte. Beim ersten Besuch bereits gewährte er Raiffeisen vertrauensvoll Einblick in seine Geschäftsbücher. Die Rendite war gering, fast zu gering, um damit zwei Familien zu erhalten. Raiffeisen zögerte. Dem Fabrikanten war an einem raschen Entschluss gelegen. „Ich lasse die Hälfte der Kaufsumme im Betrieb", versprach er. Nach kurzer Überlegung griff Raiffeisen zu. Aufgrund seines Rufs war es ihm ein Leichtes, Bürgen für eine Anleihe von 2000 Talern zu finden. Aus dem Staatsbeamten war, fast über Nacht, ein freier Unternehmer geworden.

Die Leitung des Betriebes erwies sich freilich als schwierig und wenig einträglich. Die Hoffnung, sich mit der Zeit für die Vereine freimachen zu können, erfüllte sich nicht. Tag für Tag trafen Briefe und Anfragen ein: Wir wollen einen Darlehnsverein nach Ihrem System gründen, helfen Sie uns! Überall regte sich das Verlangen, dem Wucher durch die Gründung eines gemeinnützigen Vereins das Handwerk zu legen. Raiffeisen musste aufschieben, vertrösten. Er konnte nicht helfen, noch nicht.

Die Zigarrenfabrik warf wenig mehr ab als die Zinsen für die Schulden und die Arbeiterlöhne. Raiffeisen stand von morgens bis abends im Kontor. Wenn es nötig war, arbeitete er sogar im Betrieb mit, um den Ertrag wenigstens soweit zu heben, dass für die noch lernenden Kinder und für seinen eigenen Unterhalt gesorgt war. Dennoch wollte sich das Unternehmen nicht angemessen rentieren. Er versuchte, es wieder abzustoßen, aber alle möglichen Verkäufe hätten Verlust bedeutet. Ein Abspringen zu diesem Zeitpunkt hätte ihm geschäftlich das Genick gebrochen. Es gab nur eine Fluchtrichtung: nach vorn – in ein zweites Unternehmen.

Amalie, die vorzeitig die höhere Schule verlassen hatte, um dem Vater den Haushalt und die Buchführung zu besorgen, erschrak, als er ihr diesen Plan mitteilte.

„Deine Bilanz kann keine neuen Schulden verkraften“, warnte sie, „ich habe Angst.“ Raiffeisen strich ihr übers Haar. „Du bist noch so jung“, sagte er traurig, „und musst nun meine Sorgen mittragen. Aber es hilft nichts, wir können nicht in die Zukunft sehen, wir müssen es einfach riskieren.“

Nach der Pensionierung hatte er die Dienstwohnung räumen müssen. Er wohnte jetzt in Neuwied, inmitten der lebhaften Aktivität dieser emporstrebenden Industriestadt. Wirtschaftliche Zusammenhänge hatten ihn schon immer interessiert, und in kurzer Zeit war er über die Verhältnisse von Handel und Wandel gründlich informiert. Es fiel ihm auf, dass durch den Zwischenhandel das Verhältnis zwischen Winzern und Gastwirten empfindlich gestört war. Die Großhändler diktierten die Preise, die Winzer erhielten weniger als ein Viertel der Verkaufspreise. Kaum ein Winzer wagte es, dieses Monopol zu brechen.

Mithilfe einer neuen Hypothek gründete Raiffeisen in Neuwied eine Weinhandlung. Dort wurde das Geld viel rascher umgesetzt als in der Zigarrenerzeugung. Bei angespannter Arbeit und mit ein wenig Glück könnte er in ein paar Jahren aus den ärgsten Schulden heraus sein. Aber die erhöhte Belastung mit Arbeit und Sorgen überstieg seine Kraft. Von Neuem setzte der Kopfschmerz ein. Er war tagelang zu keiner Arbeit fähig und musste die Führung des Unternehmens der nun 21-jährigen Amalie überlassen, obwohl er sich schwere Vorwürfe machte, dass das junge Mädchen sich opferte, um die Familie vor Armut zu bewahren. Niemand konnte sie als seine vertraute Mitarbeiterin ersetzen. Von Rudolf war keine Hilfe zu erwarten. Seit dem Tod der Mutter hatte er mehrmals die Schule gewechselt, ohne einen Abschluss zu machen. Wegen seiner Arroganz und Großmannssucht war er bei den Arbeitern im Betrieb unbeliebt. Es war eine Erleichterung für alle, als er den gemeinsamen Haushalt verließ, um in Köln zu arbeiten.

Wieder einmal unternahm Raiffeisen lange Wanderungen im Westerwald, verfolgt von Sorgen und Todesahnungen. Und wieder verfasste er ein Vermächtnis an die Kinder und hinterlegte es bei einem Notar. Der Brief sollte erst nach seinem Tod geöffnet werden.

„... Ich weiß nicht, wie lange ich noch für Euch sorgen kann. Ihr wisst es ja alle, dass mein geschwächtes Augenlicht daran schuld ist, dass ich meinen Dienst als Bürgermeister aufgeben musste. Ich konnte mich und Euch seither nicht anders durchbringen als durch den kleinen Handel. Ich bin ja jetzt zu allem sonst unfähig. Da mir alle sonstige Hilfe versagt wurde, habe ich viele Schulden machen müssen, welche mir große Sorgen bereiten.

Wenn ich einmal nicht mehr bei Euch sein soll, dann vergesst es nie, dass sie für Euch gemacht wurden. Sollte aber nach meinem Tode das Vermögen die Schulden nicht decken können, so bitte ich Euch sehr dringend: Arbeitet fleißig, sorgt füreinander und ruhet nicht, bis alle Schulden abgezahlt sind! Ich verlasse mich darauf und will darüber ruhig sein. Wenn ich kann, und Gott mir Zeit und Mittel lässt, will ich von ganzem Herzen besorgt sein, noch alles selber zu ordnen."

Als sei mit diesem Brief wiederum eine Last abgeworfen, trat im fünften Jahr nach Emilies Tod eine Besserung ein. Die Weinhandlung florierte. Endlich gelang es ihm, die Zigarrenfabrik zu verkaufen, die nie einen der Arbeit angemessenen Gewinn abgeworfen hatte.

Amalie flog ihm um den Hals, als sie seinen Entschluss erfuhr. „Gott sei Dank! Dann brauchst du mich nicht mehr."

Der Vater schob sie von sich und sah sie prüfend an. „Was hast du vor, Kind?" Er versuchte, seinen Schrecken zu verbergen, aber sie hatte schon begriffen und lief aus dem Zimmer, damit er ihre Tränen nicht sähe. Ich kann es ihm nicht antun, dachte sie verzweifelt, er braucht mich. Um jetzt nicht mit ihm reden zu müssen, warf sie den Mantel über und verließ fluchtartig das Haus. Erstaunte Blicke folgten ihr, als sie die Rheinpromenade entlanghastete. Sie achtete nicht darauf.

Der Zwiespalt zerriss ihr das Herz. Sie war zu einer Haltung erzogen worden, die die Pflicht in jedem Falle höher stellte als die eigenen Wünsche und Sehnsüchte. Gerade jetzt aber waren die eigenen Wünsche übermächtig geworden. In Koblenz, bei einem Tanzkränzchen ihrer Schule, hatte sie Heinrich Greber kennengelernt, einen jungen Mann, der als Teilhaber in das Geschäft seines Vaters eingetreten war. Vor Kurzem noch war er strahlend mit dieser Nachricht zu ihr gekommen.

„Jetzt bin ich selbstständig und kann tun, was ich will – sogar heiraten. Vielleicht tue ich es bald. Was halten Sie davon, Fräulein Amalie?"

„Wie soll denn Ihre Frau aussehen?“ Amalie hatte versucht, unbeteiligtes Interesse vorzutäuschen, aber die Frage klang mühsam und steif. Ihre Bekanntschaft war nur kurz. Einige Male hatten sie sich getroffen und lange Gespräche geführt. Daran dachte sie und errötete, als er ihr bei der Antwort in die Augen sah. „So wie Sie soll sie aussehen, Fräulein Amalie“, sagte Heinrich, ohne ihren Blick loszulassen.

Beim nächsten Treffen hatten sie sich heimlich verlobt. Sie hatte dem Vater nichts davon gesagt, weil sie den Verkauf der Zigarrenfabrik abwarten wollte. „Dann bin ich frei“, hatte sie zu Heinrich gesagt, „dann braucht er mich nicht mehr.“ Er hatte nachgegeben, und die Bekanntgabe der Verlobung verschoben.

Nun sah sie den Vater vor sich, wie sie ihn eben verlassen hatte: seinen angstvollen Blick, der sich bemühte, ihr Gesicht zu erforschen, das er nur als verschwommenen Flecken wahrnahm. Aber er hatte etwas gespürt. Er hatte längst gelernt, aus Stimmen zu lesen, was ihm das Auge verbarg. Sie war nicht nur seine Vertraute, seine Buchhalterin und Sekretärin, sie ersetzte ihm das Auge, musste jeden Handgriff für ihn tun, der die Führung des Sehens erforderte. Ohne sie war er hilflos. Der Verkauf der Zigarrenfabrik änderte daran nichts.

Es gibt keinen Kompromiss, sagte sie sich immer wieder, während sie blicklos am Strom entlang lief, ich muss mich entscheiden, den Vater verlassen oder Heinrich aufgeben. Aber ich kann mich nicht entscheiden. Er muss das letzte Wort sprechen. Er liebt mich, er wird verstehen …

Sie kehrte nach Haus zurück und stand eine Weile vor seiner Tür, um ihren Atem zu beruhigen. Dann trat sie ein und sagte ihm alles. Mit hämmerndem Herzen wartete sie auf seine Antwort, folgte ihm mit den Augen, während er rastlos auf und ab ging. Etwas in seinem Gesicht, in seiner Haltung verriet ihr, dass er nicht imstande sein würde, eine klare Entscheidung auszusprechen. Wie konnte er auch? Ohne sie würde er die Weinhandlung nicht weiterführen können. Und was sollte dann mit den anderen Kindern werden?

„Ich will dich nicht halten, Kind, dazu habe ich kein Recht", sagte er schließlich. „Vielleicht kannst du warten, bis Berta mit der Schule fertig ist."

„Berta kann nicht einmal den Haushalt führen. Von geschäftlichen Dingen versteht sie nichts."

„Vielleicht lernt sie es."

Amalie schüttelte den Kopf. Sie wagte nicht zu reden, damit er nicht an ihrer Stimme hörte, dass sie weinte. „Wir können es wenigstens versuchen, abwarten ..."

„Gut, Vater, wir wollen es versuchen."

Amalie blieb und wartete. Ein halbes Jahr später erfuhr sie von Freunden, dass Heinrich Greber sich verheiratet hatte. Sie schwieg. Der Vater fragte sie nicht mehr nach ihren Plänen. Später quälte er sich mit Vorwürfen, die nichts mehr ändern konnten. Die Frau war der Belastung erlegen. Die Tochter opferte sich auf. Aber das Werk blühte und gedieh.

Seit die Weinhandlung ihm die direkten Sorgen um den Lebensunterhalt abnahm, fand er immer mehr Zeit für die Verbreitung der Darlehnskassen-Vereine. Er ging auf Vortragsreisen nach Hessen und Westfalen, sprach zu Vorstehern, Bürgermeistern, Bauern, Kätnern, Tagelöhnern, erklärte auf seine ruhige, sachliche Art die Vorteile der Selbsthilfe auf Gegenseitigkeit. Der Acker war vorbereitet, die Saat ging auf. Es war, als hätten die Menschen nur auf ihn gewartet, um eine überfällige Idee in die Tat umzusetzen. Was er darlegte, schien so einfach und selbstverständlich wie jede Idee, deren Zeit reif geworden ist. Die langen Ausleihezeiten von fünf bis zehn Jahren waren zugeschnitten auf das ländliche Leben mit seinem langsamen Ertragsumlauf zwischen Saat und Ernte, Zucht und Verkauf des Viehs. Der von Wucherern ausgezogenen Bevölkerung kam es wie eine Offenbarung, dass alles Gewinnstreben auf Kosten anderer unter den Mitgliedern des Vereins ausgeschaltet war. Hier verdiente niemand an der Not der anderen.

An manchen Sonntagen ließ sich Raiffeisen auf seinen Vortragsreisen von Lehrer Lauff aus Heddesdorf begleiten. Was ihm zur Selbstverständlichkeit geworden war – die mühseligen Reisen mit der Pferdekutsche von Ort zu Ort – brachte seinen Begleiter auf einen neuen Einfall. „Wir werden die vier Vorträge, die für heute angesetzt sind, nicht schaffen", sagte Lauff, „die Entfernung ist zu groß. Sie verschwenden Ihre Zeit mit Herumfahren. Faule Kutscher und uninteressierte Fuhrwerkbesitzer halten die Arbeit auf. Wie wäre es, wenn Sie Ihre Idee niederschreiben würden? Mit einem Buch könnten Sie alle erreichen, die sich für Ihre Sache interessieren.

„Ein Buch mit Anleitungen für die Gründung und Führung von Darlehnsvereinen, dachte Raiffeisen. Ein Buch, in dem die Erfahrungen aus der Arbeit der bereits bestehenden Vereine aufgezeichnet sind! Der Gedanke reizte ihn. Als sie am Abend in Neuwied aus der Kutsche stiegen, gab er Lauff die Hand und sagte: „Ich schreibe das Buch!"

Ein Jahr später erschien das an diesem Tag konzipierte Werk unter dem umständlichen Titel: „Die Darlehnskassen-Vereine als Mittel zur Abhilfe der Not der ländlichen Bevölkerung sowie der städtischen Handwerker und Arbeiter."

Es enthielt einen Rückblick auf Raiffeisens Lebenswerk: den Hungerwinter 1846–47, die Versteigerung des Penkhoff-Anwesens in Ödenrath, die Geschichte des Sträflings Thomas Wendt, die Versammlung des Wohltätigkeitsvereins, auf der er die Worte gesprochen hatte: „Dann gehe ich eben hinaus auf die Landstraße und an die Zäune und hole mir die Armen, die Blinden und Lahmen ..." Aus diesen impulsiv ausgesprochenen Worten hatte sich die Idee des genossenschaftlichen Selbsthilfeverbandes entwickelt.

Mit den Freunden Pfarrer Renkhoff und Lehrer Lauff feierte er das Erscheinen des Buches. Der Pfarrer fasste die gemeinsame Hoffnung in einer Ansprache zusammen:

„Aus dem Buch beginnt Ihre Idee zu Tausend und Hunderttausend Menschen zu sprechen. Sie hat sich gelöst von ihrem Schöpfer und lebt jetzt ein eigenes Leben. Sie ist selbstständig geworden und wird weiterleben bis in eine ferne Zeit hinein, in der wir nicht mehr sein werden."

Als sie spät am Abend nach Hause gingen, blieb Raiffeisen mit Amalie allein. „Dir muss ich danken", sagte er bewegt. „Ohne dich wäre dieses Buch nie entstanden."

Seine Augen waren jetzt so schwach, dass er nur noch seinen Namen schreiben konnte. Amalie hatte das ganze Buch Wort für Wort nach seinem Diktat geschrieben. „Tut es dir leid, dass du bei mir geblieben bist?"

Sie schüttelte den Kopf und brachte sogar ein Lächeln zustande. Die Erinnerung an Heinrich war verblasst. Nah und wirklich war nur die Arbeit des Vaters. Sie konnte sich kein anderes Leben mehr vorstellen.

„Weißt du noch, was Mutter dir kurz vor ihrem Tode geraten hat?" lenkte sie ab. „Sie wollte, dass du in die Heimat deines Vaters nach Schwäbisch Hall führest, um dich dort richtig zu erholen. Wie wäre es, wenn du das jetzt tätest?"

Diesmal fiel es ihm leicht, sich für eine Weile von der Arbeit zu trennen. Das Buch war fertig. Eine Pause schien natürlich und notwendig. Er hatte sie sich verdient. Die Sorge um die Zukunft lastete nicht mehr. Als er auf diese Reise ging, erfüllte ihn das Bedürfnis, die Wege seiner Vorfahren zu gehen, ihnen näherzukommen, nachdem er selbst auf ein 20-jähriges Lebenswerk zurückblicken konnte. Über diese Reise schrieb er:

„... ich besuchte die frühere Reichsstadt Schwäbisch Hall, die Väterheimat meiner Familie. Von dort ging ich nach Mittelfischach, wo mein Großvater ungefähr 50 Jahre lang Pfarrer gewesen war; dort wurden alle seine Kinder geboren. Einige alte Leute hatten ihn noch gekannt. Ein eigentümliches Gefühl beschlich mich, als ich im Pfarrhause und in der Kirche war.

Beide Gebäude sind noch die alten. Wie unlösbar hängen wir doch mit dem Leben unserer Vorfahren zusammen. Was sie litten und träumten, das wird in uns erst reif. Ein Hauch ihres Seins lebt auch noch in uns ..."

Nur von seinem Großvater ist in diesen Zeilen die Rede, als hätte Raiffeisen seinen Vater, der im Lebenskampf unterlegen und dem Trunk verfallen war, aus der Kette ausklammern wollen. Diese Auslassung macht offenbar, wie schwer er mit der Erinnerung an seinen Vater zu kämpfen hatte, der des Sohnes Lebensweg nicht erleichtert, sondern beschwert hatte. Bitter mochte er daran denken, wie andere Söhne ihre Väter zu rühmen wissen, weil sie ihnen viel zu verdanken haben. Raiffeisen hatte nicht nur ohne seinen Vater, sondern fast gegen ihn heranwachsen müssen, freilich mit der unvergleichlichen Hilfe und Kraft der Mutter. Er sprach darüber nicht. Er tat, als hätte es den Vater nicht gegeben. Vielleicht war sein strenges Festhalten an einem puritanischen Christentum, das manche ihm zum Vorwurf machten, eine Art Notwehr gegen die Infektion aus dieser Richtung. Die Triebfeder seiner Arbeit lag im Christentum, in der unbeirrten Anerkennung seiner Forderung zur Nächstenliebe und Brüderlichkeit. Und da es eine ganz persönliche Arbeit war, konnte er auf diese Essenz nicht verzichten, um keinen Preis, obwohl sich der stärkste Widerspruch gegen ihn später eben an dieser Essenz entzündete. Er hätte sich selbst aufgeben müssen, seine unwandelbare Vorstellung von dem, was Gottes Wille mit ihm und der Welt war. Dazu war er nicht imstande.

Nach seiner Rückkehr lernte er in Neuwied eine Frau kennen, deren einfache Freundlichkeit ihm die Einsamkeit der letzten Jahre bewusst machte. Bisher hatte die Arbeit ihn so erfüllt, dass nichts Privates daneben bestehen konnte. Jetzt, da ein Abschnitt abgeschlossen war, sah er sich um und bemerkte, dass er allein war. Sie hieß Maria Penserot und war schon seit längerer Zeit verwitwet.

„Mein eigenes Leben gibt mir keine Aufgaben mehr", sagte sie zu Raiffeisen, „ich arbeite und helfe überall dort, wo jemand lebt, den die Welt vergessen hat. Oft ist es nur eine Handreichung, manchmal das Gebet für einen Betrübten oder Verzweifelten."

Diese direkte Hinwendung zum einzelnen Menschen zog Raiffeisen an. Fast unmerklich gewöhnte er sich daran, mit Maria seine Gedanken auszutauschen. Ihre Nähe, ihre freundliche Stimme wurden ihm unentbehrlich. Mit Freude sah er, dass Amalie sich der viel älteren Frau anschloss. Es erschien ganz selbstverständlich, dass sie oft im Hause war. Schließlich blieb sie ganz, als zweite Frau des nun 50-jährigen.

Das „System Raiffeisen"

Das Buch über die Darlehnskassen-Vereine fand eine ungewöhnlich gute Aufnahme. Amalie sammelte Gutachten und Kritiken und las sie am Abend dem Vater vor. Nach Kampf und Arbeit gab es Früchte einzusammeln, eine neue Erfahrung für Raiffeisen, der sich nur langsam der Freude am Gelungenen erschließen konnte.

„Hier ist eine Rezension des Generalsekretärs Thilmany vom Landwirtschaftlichen Verband von Rheinpreußen", sagte sie und las:

„... Seit der gewesene Bürgermeister Raiffeisen in Heddesdorf bei Neuwied am Rhein die Entstehung seiner fünf Darlehnskassen-Vereine im Kreis Neuwied geschildert hat, bin ich eines Besseren belehrt. Die Aufgabe, um die sich viele landwirtschaftliche Vereine so emsig bemühten, ist nunmehr ausreichend gelöst ..."

Sie blickte auf. „Freust du dich, Vater?"

„Doch", sagte er, „doch, ich freue mich!"

„Wenn es um eine neue Arbeit ging, warst du schneller dabei", sagte sie kopfschüttelnd.

„Vielleicht habe ich das Freuen verlernt, aber warte nur, ich mache Fortschritte ..."

Eine zweite Auflage kam heraus.

Und wieder las Amalie: „Die Versammlung deutscher Landwirte in München schreibt:

‚Der Verfasser hat sich durch diese höchst zeitgemäße Schrift und die 25-jährige Arbeit an der Errettung des Landvolks, die ihr vorausging, eine Bürgerkrone verdient. In dem Gefühl des Lesers erwächst still und unaufhaltsam das Gefühl des Dankes über diese überaus nützliche Geistesgabe …"

Die Weinhandlung inspirierte Raiffeisen zu seiner nächsten Aktion. Das Geschäft ging gut und brachte ausreichenden Ertrag für ihn und die Familie, aber es war nicht zu übersehen, dass die Preisspanne zwischen dem gepressten Rebensaft und dem verkaufsfertigen Wein unerträglich hoch war. Bei seinen Weinkäufen im Mosel- und Ahrtal erkannte Raiffeisen die hoffnungslose Situation der Weinbauern.

Nach einem Weineinkauf bei einem Händler im Ahrtal unterbrach er die Reise, um in einen Weinberg zu steigen. Es war früh im Herbst. Die Weinberge waren noch nicht gesperrt. Dicht und üppig hingen die grünen Trauben an den Stöcken. Eine gute Ernte stand bevor. Raiffeisen grüßte einen alten Winzer, der gebückt durch die Zeilen ging und lose Ranken hochband.

„Das gibt ein gutes Weinjahr", sagte er.

„Ihr meint wohl, einen guten Schnitt für die Weinhändler", war die mürrische Antwort. Raiffeisen setzte sich auf die Steinmauer. Aus der Tiefe glänzte das Wasser der Ahr. Der Winzer arbeitete schweigend hinter ihm. Raiffeisen wandte sich um.

„Welchen Preis erwartest du für die Trauben?"

„Den Preis bestimmt ihr doch – die Händler."

„Ich kaufe nur Wein, nicht die Trauben."

Langsam kam der Mann die Stufen hinab und setzte sich neben ihn.

„50 Jahre steige ich in diesem Weinberg auf und ab. Wenn man die Wegstrecke messen wollte, wäre ich wohl schon um die ganze Welt gewandert, immer die schwere Kiepe auf dem Rücken – bergauf, bergab – bergauf, bergab. Bringt ein Jahr wenig Trauben, hungere ich. Kommt eine gute Ernte, muss ich die Trauben beinah verschenken." Er zeigte auf ein weißes parkumschlossenes Landhaus am jenseitigen Ufer des Flusses. „Den Besitzer dort unten kennt Ihr wohl, wenn Ihr selber Weinhändler seid: Der dort unten bestimmt allein den Preis für meine Trauben, für meine Arbeit, für die Plage meines Daseins, schon 50 Jahre lang!"

Das ist ja nicht besser als mittelalterliche Leibeigenschaft, dachte Raiffeisen. Er erinnerte sich der Not der kleinen Landwirte und Tagelöhner, wie sie ihm vor 25 Jahren im Westerwald begegnet war. Dort hatten die Bauern ihre verschuldeten Äcker und das Einstellvieh an die Wucherer verpfändet, hier lebte ein einziger Mann wie ein Fürst, weil die Winzer eines ganzen Tales für ihn arbeiteten.

„Ihr Winzer müsst euch zusammenschließen und selber keltern", sagte er.

„Das sagt ausgerechnet Ihr, ein Weinhändler?" Der Mann sah ihn ungläubig an. „Was können ein paar Schwache gegen einen Starken ausrichten?"

Das eigene Geschäft war Raiffeisen in diesem Augenblick so fern gerückt, dass er zunächst gar nicht wusste, was der Mann meinte. Seine Gedanken gingen andere Wege. Eine Winzergenossenschaft musste gegründet werden. Bei der Neuauflage musste dem Buch ein entsprechender Abschnitt beigefügt werden.

Er stand auf und reichte dem Alten die Hand. „Warte nur", sagte er, „Du sollst nicht mehr lange für fremde Taschen schuften."

Eilig stieg er zur Straße hinab und bestellte in einem Gasthof einen Wagen. Am nächsten Tag diktierte er Amalie einen Aufsatz, der als Denkschrift an die Bürgermeister des Ahrtals gerichtet war und später auch in das Buch aufgenommen wurde.

„... Wenn sich der Ausspruch ‚Im Schweiße deines Angesichts sollst du dein Brot essen!' bei irgendeinem Stande bewahrheitet hat, so ist dies im höchsten Maße bei den Winzern und Weingärtnern der Fall. Von wenig ebenen Stellen und teilweise guten Böden abgesehen, wird der Weinbau meistens auf steilen und felsigen Abhängen und auf schwer zu bearbeitendem Boden betrieben. Die meist in behaglichen Verhältnissen lebenden Weintrinker, welche sich zur Würze des Mahles oder in ihrer Erholungszeit an dem köstlichen Rebensaft erfreuen, haben selten eine Ahnung davon, wie viele Mühe und Arbeit aufgewendet und welch unzählige Schweißtropfen vergossen werden mussten, bis der Wein so weit gebracht ist, dass er die Sorgen verscheucht und das Herz erfreut.

... Bei nicht wenigen Winzern ist das Quantum der Traubenernte zu klein, um den Wein selbst zu keltern. Darum ist es immer mehr gebräuchlich geworden, dass diese Winzer ihre ganzen Ernteerträge, die ungekelterten Trauben, an Weinhändler und Besitzer großer Weinkeller verkaufen. Oft sind die Winzer gänzlich in die Hände wucherischer Agenten gegeben, und von diesen vollständig abhängig geworden. Die Konkurrenz wird dann durch Vereinbarung der Käufer untereinander beseitigt, und es werden die Preise so billig gestellt, dass die Produzenten kaum oder gar nicht mehr bestehen können. Trotzdem müssen sie, durch ihre Not gezwungen, die Trauben verkaufen.

… Es entsteht nun die Frage, auf welche Weise dieser fortschreitenden Verarmung und dem schließlichen Untergang so vieler Winzerfamilien entgegenzusteuern ist. Die Antwort kann nur sein: Die Winzer müssen sich ebenso selber helfen, wie dies die andere bäuerliche Bevölkerung in vielen Gegenden bereits tut, nämlich durch genossenschaftliche Vereinigung."

Nach diesen theoretischen Ausführungen schlug Raiffeisen vor, dass jede weinbautreibende Gemeinde ebenso viel Aufmerksamkeit wie dem Weinbau auch dem Ackerbau und der Viehhaltung zuwenden solle, um die Unsicherheiten des Weinbaus auszugleichen. Vor allem aber sollten gemeinsame Anlagen zur Kelterung und Vergärung des Weines geschaffen und der genussfreudige Wein direkt in die Städte verkauft werden. Raiffeisen entwarf selbst Musterstatuten für die zukünftigen Winzergenossenschaften, die er jedem Ortsvorsteher oder Winzer, der sich für eine solche Gründung interessierte, kostenlos zur Verfügung stellte.

Es hatte schon einige Versuche des Zusammenschlusses unter den Winzern der Mosel gegeben, aber der erste Winzerverein nach der Idee Raiffeisens entstand 1868 in Mayschoß. Bald folgten weitere Vereine an der Ahr, an der Mosel, in Hessen und Württemberg.

Um nicht mit seinen eigenen Gründungen zu konkurrieren, gab Raiffeisen die Weinhandlung auf und widmete sich ganz der Verwirklichung seiner Ideen, die immer weitere Gebiete ergriffen. Die Darlehnsvereine sollten als Träger größerer sozialer Ziele dienen. Wirtschaftliche Vereinigungen wie die Winzergenossenschaften sollten sie im gleichen Geist ergänzen. Von dem Erlös der Weinhandlung kaufte er eine kleine Druckerei in Neuwied, die über gute Aufträge verfügte und ihm seinen Lebensunterhalt sicherte.

Seit sein Buch in allen deutschen Ländern bekannt geworden war, unternahm Raiffeisen größere Vortrags- und Besichtigungsreisen nach Bayern und ins Elsaß, und gründete dort eine Reihe von Darlehnskassen-Vereinen.

Er fand überall reformfreudige Menschen, vor allem evangelische und katholische Geistliche, die den Gedanken genossenschaftlicher Zusammenschlüsse in ihren Gemeinden befürworteten. Aus vielen kleinen Zellen wuchs eine soziale Reform, deren Auswirkungen rasch und unmittelbar spürbar waren. Von jeder dieser Reisen kehrte er ermutigt und von neuer Arbeitslust erfüllt nach Neuwied zurück.

Um seine vielfältigen Aufgaben bewältigen zu können, hatte er dem Tageslauf zu Hause eine feste Form und Ordnung gegeben. Am Morgen begann er mit einer kurzen Schriftlesung, an der alle Mitglieder der Familie teilnahmen. Der Vormittag verging mit dem Diktieren von Briefen und Berichten. Das Mittagessen bestand aus einem einzigen Gang, abwechselnd Fleisch und Gemüse oder Mehlspeisen und Obst. Oft kamen Gäste zu Tisch. Aus Rücksicht auf das Fastengebot für die Katholiken wurde der Freitag als fleischloser Tag eingehalten. Nach dem Mittagessen ruhte er kurze Zeit oder unternahm einen längeren Spaziergang. Der Nachmittag gehörte der Druckerei, oder er unternahm Fahrten zu neu gegründeten Genossenschaften. Zu Abend wurde kalt gegessen. Die Mahlzeit bestand aus einem mit Fleisch Butter oder Käse belegten Brot und einem Glas Bier. Die Zeit danach widmete er der Familie.

Es wurde viel musiziert und gesungen im Hause Raiffeisen. Die erwachsenen Töchter spielten Klavier und Violine. An solchen Abenden lehnte sich Raiffeisen aufatmend in seinem Stuhl zurück und lauschte den fröhlichen Klängen mit einem Gefühl dankbarer Zufriedenheit. Rund um ihn wuchs alles – das Werk, das Geschäft, die Familie. Die Arbeit trug Frucht. Das Leid war nicht umsonst erlitten.

Aber auch diese Jahre waren nicht ungetrübt von Kränkung und Mißverstehen.

Eines Morgens fand Amalie unter der Post eine ihr unbekannte Zeitschrift: „Blätter für das Genossenschaftswesen". Redakteur war der Reichstagsabgeordnete Schulze-Delitzsch, Begründer der genossenschaftlichen Vorschussvereine für Handwerker. Kleine städtische Gewerbetreibende hatten sich in ihnen gegen die wirtschaftliche Übermacht industrieller Betriebe zusammengeschlossen. Im Unterschied zu Raiffeisens Darlehnskassen-Vereinen wurden an die Mitglieder Gewinne ausgeschüttet. Das Geld wurde nur kurzfristig auf drei Monate ausgeliehen, wie es dem raschen Umsatz der Gewerbebetriebe entsprach. Schon seit Längerem ritt Schulze-Delitzsch heftige Attacken gegen das System Raiffeisen. Er fand es suspekt, dass die Darlehnskassen-Vereine ohne eigenes Kapital auf der unbeschränkten Haftung aller Mitglieder aufgebaut waren. Das Ausleihen von Kapital auf fünf bis zehn Jahre nannte er eine leichtsinnige Gefährdung der Mitglieder. Ein Sparverein müsse für seine Einleger das Geld jederzeit flüssig halten können, argumentierte er. Durch die andere Praxis des Raiffeisen-Systems werde der Ruf des Genossenschaftsgedankens empfindlich geschädigt.

Raiffeisen konnte sich des Verdachtes nicht erwehren, dass Schulze-Delitzsch seine gewerblichen Vorschussvereine auch aufs Land verpflanzen und die Raiffeisenvereine von dort verdrängen wolle.

Der Landwirtschaftliche Verein für Rheinpreußen, insbesondere Generalsekretär Thilmany, hatte auf der Jahresversammlung des Vereins eindeutig die Partei Raiffeisens ergriffen. In seinem Bericht hatte er das Buch gelobt und empfohlen. Die Zeitschrift, die Amalie an diesem Morgen durchblätterte, enthielt einen schweren Angriff gegen Thilmany.

Sie las: „... Dass nach solchen Auslassungen Herr Generalsekretär Thilmany von diesen Dingen nicht das allergeringste versteht, brauche ich den Lesern dieser Zeitschrift nicht nachzuweisen ... Aber wollen die rheinischen Vorschussvereine zu solchen Agitationen gegen ihre Bestrebungen schweigen, bloß weil diese Agitationen auf Unwissenheit beruhen? ... Es ist mir unbegreiflich, wie die rheinischen Vorschussvereine diese Agitation für eine auf verkehrten Grundlagen beruhende Form der Kreditvereine ruhig mitansehen konnten ... Man kann sagen, die Darlehnskassen-

Vereine sind augenscheinlich so sehr untergeordnet, dass es sich für uns nicht verlohnt, gegen diese Konkurrenten aufzutreten ..."

„Wer hat das geschrieben?" fragte Raiffeisen.

„Der Artikel ist mit ‚Parisius' gezeichnet."

„Da er in den ‚Blättern' erschienen ist, wird er wohl die Meinung von Schulze-Delitzsch wiedergeben", sagte Raiffeisen bitter.

„Was wirst du dagegen tun, Vater?"

„Nichts!" erwiderte er.

Dieser Artikel war nur der erste einer großangelegten Kampagne gegen den Schöpfer der Darlehnskassen-Vereine. Lange Zeit hielt Raiffeisen still. Auf weiten Spaziergängen versuchte er, die Kränkung zu überwinden.

„Ich will meine Kraft nicht im Streit gegen andere Meinungen erschöpfen", sagte er zu Pfarrer Renkhoff. „Ich baue an meiner Sache weiter, das wird mir und dem Werk besser dienen."

Thilmany jedoch schwieg nicht. Schulze-Delitzsch hatte ihm seine Zeitschrift zu einer Erwiderung auf „Parisius" zur Verfügung gestellt. Er schrieb:

„... Mögen Ihnen die Darlehnskassen-Vereine untergeordneter Natur und auf verkehrten Grundlagen beruhend erscheinen – den Mitgliedern des Landwirtschaftlichen Vereins, welche ihre heilsame Wirkung aus nächster Nähe zu sehen Gelegenheit hatten, wohnt eine andere Ansicht bei. Sie werden diese Letzteren nicht belehren oder umändern, wenn Sie nicht überzeugendere Gründe beibringen, als es in Ihrer wenig urbanen Kritik geschehen ist ..."

Wenn Raiffeisen gehofft hatte, die Kontroverse sei damit beendet, so hatte er sich getäuscht. Diffamierende Angriffe häuften sich. Ein Regierungsrat aus Koblenz mit Namen Nöll warnte in allen Zeitungen, die ihm zugänglich waren, vor Raiffeisen und seinen Darlehnskassen. Hauptangriffspunkt war wiederum Raiffeisens Weigerung, Gewinnanteile aus Darlehnsgeschäften an die Mitglieder auszuschütten. Nöll fand es absurd und verwerflich, solche Vereinigungen lediglich auf soziale Hilfsbereitschaft zu stützen unter Verzicht auf den Anreiz des Profits. Eine weitere Schwächung des Gedankens schien ihm in der Bestimmung zu liegen, dass jeder Verein nur gemeindeweise arbeiten durfte. Sein Artikel schloss mit den Worten:

„... Man wird nach dem Gehörten wohl darauf verzichten, sich einem System anzuvertrauen, das – schon theoretisch unhaltbar – auch in der Praxis bereits Schiffbruch erlitten hat. Wir sagen es noch einmal nach allen Seiten hin: Wir wünschen, gewarnt zu haben!"

Auch diesmal wollte Raiffeisen schweigen, aber seine Freunde wollten diese Herabsetzung des Werks nicht dulden. Es entwickelte sich, gegen Raiffeisens Willen, eine heftige Kontroverse, die sich jahrelang hinzog und auch einige Darlehnskassen-Vereine in zwei widerstreitende Parteien brachte.

Auf einer stark besuchten Versammlung von Landwirten wurde der Versuch einer Einigung zwischen den beiden Systemen unternommen. Raiffeisen eröffnete sie mit den Worten:

„Mein Bestreben ist nur von einem einzigen Ziel geleitet: die Landleute vom Wucher zu befreien. Dabei ist uns das Geld einzig ein Mittel zum Zweck – nicht aber der Zweck selber, damit wir Gewinne machen." Im Saal erhob sich ein Tumult. Ein Gegner machte den Zwischenruf: „Raiffeisen beansprucht das Verdienst, der erste Erfinder des genossenschaftlichen Kreditsystems zu sein!"

Raiffeisens Gesicht blieb unbewegt. Als der Lärm sich gelegt hatte, sagte er leise: „Ich beanspruche überhaupt nichts." Danach konnte die Versammlung ohne weitere Unterbrechung zu Ende geführt werden.

Seit längerer Zeit verfolgte Raiffeisen mit Sorge eine neue kritische Entwicklung in der Landwirtschaft. Der durch Fortschritte der Transportmöglichkeiten erleichterte Import an Getreide hatte zu einem unaufhaltsamen Sinken der Getreidepreise geführt. Viele Bauern stellten sich auf Grünlandwirtschaft und Buttererzeugung um. Der Absatz von Milch, Butter und Käse war durch die ständig anwachsenden Städte gesichert, aber die Verderblichkeit dieser Produkte und die veralteten Methoden der Buttererzeugung hinderten die Bauern, den Markt auszuschöpfen. Die Milch wurde wie in Urvätertagen in Satten aufgestellt, und die Rahmschicht, die sich nach einigen Tagen bildete, im Butterfass zu Butter gedreht. Der Ertrag war gering, bei längerer Aufbewahrung wurde der Rahm sauer, und die ranzig schmeckende Butter war bei den verwöhnten Städtern nicht mehr abzusetzen. 1873 kamen die ersten Zentrifugen auf den Markt, aber nur die landwirtschaftlichen Großbetriebe konnten sich die Umstellung leisten und täglich süße Butter auf den Markt liefern, wodurch den kleineren Betrieben diese Ertragsquelle wieder genommen wurde. Vor einer

Versammlung von Landwirten, die sich auf die Erzeugung von Milch und Butter spezialisiert hatten, propagierte Raiffeisen die Gründung von Molkereigenossenschaften. Es war nicht leicht, die Angst der sparsamen Bauern vor der Anschaffung großer moderner Anlagen zu zerstreuen.

„Jeder arbeitet auf seinem Betrieb so sparsam, wie es eben geht", sagten sie. „Kostspielige Anlagen würden den bescheidenen Gewinn verschlingen und uns alle ruinieren."

„Das Gegenteil wird eintreffen", versicherte Raiffeisen.

„Sobald der Betrieb einer Molkereigenossenschaft läuft, arbeitet er insgesamt sparsamer, als es jeder für sich allein könnte. Die teuren Maschinen sind voll ausgelastet und amortisieren sich in kurzer Zeit. Das frische Produkt verkauft sich günstiger. Nur so könnt ihr mit dem Großbetrieb konkurrieren. Die Voraussetzung ist der Zusammenschluss und die gemeinsame Haftung für das erforderliche Anfangskapital."

In Schleswig-Holstein hatten sich schon bald Molkereigenossenschaften zusammengeschlossen. Raiffeisen fasste die ersten zaghaften Versuche in haltbare genossenschaftliche Organisationen. Unerwartet schnell verbreiteten sich diese Körperschaften über ganz Deutschland.

Wieder einmal suchte Raiffeisen die Einsamkeit des Westerwaldes, um einen neuen Gedanken zu klären und zu formen. Er ließ sich mit dem Wagen bis Rengsdorf fahren, dann setzte er den Weg zu Fuß fort. Es war ein frischer sonniger Märztag. Pflüge brachen die Äcker zur Haferaussaat und zum Kartoffelsetzen.

Langsam voranschreitend, entwickelte der Wanderer seine Gedanken. Vielen Darlehnskassen-Vereinen standen in letzter Zeit mehr Gelder zur Verfügung, als sie bei vorsichtiger Ausleihung vergeben konnten. Die zuverlässige Aufbewahrung von Geldern, die man nicht unmittelbar benötigte, war mancherorts zum Problem geworden. Andererseits hatten die neu entstandenen Vereine oft große Mühe, das notwendige Anfangskapital aufzutreiben. Konnte man dem Überschuss auf der einen, dem Mangel auf der anderen Seite nicht abhelfen, indem man eine zentrale Stelle, eine übergeordnete genossenschaftliche Bank gründete, die den Ausgleich schaffte? Sie könnte überschüssiges Kapital aufnehmen und es dorthin leiten, wo es unmittelbar gebraucht wird. Das war die Lösung: Alle Darlehnskassen-Vereine mussten unter sich wieder eine Genossenschaft bilden. Diese kapitalkräftige Körperschaft könnte den nötigen Ausgleich schaffen, ohne die Autonomie der einzelnen Vereine zu beeinträchtigen. Briefe gingen hinaus: an die Darlehnskassen-Vereine, an Freunde und Experten der Nationalökonomie. Auf einer Versammlung aller Obmänner der Darlehnskassen wurde die Gründung der ersten Zentralkasse beschlossen.

Auf einer Generalversammlung des Heddesdorfer Darlehnskassen-Vereins wurde am 12. Dezember 1869 die Gründung einer Zentralkasse beraten und darauf beschlossen: „…mit den übrigen Darlehnskassen-Vereinen zur Ausgleichung des Geldüberschusses und Geldbedarfs in Verbindung zu treten, darauf hinzuwirken, dass zu dem Ende eine Zentralkasse unter gemeinschaftlicher Garantie gebildet werde und, wie hiermit geschieht, den Vorstand zu beauftragen, mit den Vorständen der übrigen gedachten Vereine ein Statut zu vereinbaren und dieses demnächst der Generalversammlung vorzulegen." Die vorbereitenden Erörterungen zogen sich bis in den Sommer 1872 hin. Schon sehr bald erwies sich die Richtigkeit jener Initiative. Anhaltender Regen hatte im Sommer 1870 zu einer Missernte in der Rheinprovinz geführt. Beim Einbringen des Getreides gab es Schwierigkeiten, weil viele bäuerliche Gespanne zum Kriegsdienst eingezogen waren. Auf den Feldern keimte das reife Korn und wuchs aus. Die Darlehnskassen vermittelten den Ankauf von Saatgetreide aus Pommern und Holstein, wo die Ernten besser ausgefallen waren. Für die damaligen Verkehrsverhältnisse waren die Gebiete weit entfernt. Das Getreide musste direkt nach der Übernahme bar bezahlt werden, während die Mitglieder der Vereine den Preis für die Ware erst bei Empfang erlegten. Viele kleine, kapitalschwache Genossenschaften versuchten, mithilfe von Verpflichtungsscheinen die großen Kölner Bankhäuser zu einem Vorschuss zu bewegen. Die Banken ließen sich auf diese ungewohnte Haftung nicht ein und verweigerten den Vorschuss.

Nun trat die neugegründete Zentralkasse in Aktion. Vertreten durch Raiffeisen, Thilmany und von Langsdorf, verpflichtete sie sich zur Unterzeichnung eines Schuldscheins. Daraufhin gewährte die Rheinische Provinzial-Hilfskasse unverzüglich einen Kredit von 5000 Talern. Dieser Erfolg ermutigte zur Gründung weiterer Zentralkassen in Worms und in Iserlohn. Zum Mittelpunkt der neuen Zentralkassen in Deutschland entwickelte sich die Rheinische Genossenschaftsbank in Neuwied. „Jetzt haben Sie Ihr

Werk von den Wurzeln bis zum Gipfel abgeschlossen", sagte Rudolf Weidenhammer, der langjährige Freund und Mitarbeiter in Hessen.

„Keineswegs", wehrte Raiffeisen ab. „Alle diese Zentralkassen, wenn sie einmal in jedem deutschen Land bestehen, sollten in einer landwirtschaftlichen Generalbank vereinigt werden."

„Wäre das nicht zu viel Zentralisierung an einem Ort?"

„Die Zentralkassen müssen eben gleichberechtigte Mitglieder sein. Der zweifache Überbau würde alle Darlehnskassen-Vereine Deutschlands zusammenhalten. Es gibt noch viele Notgebiete. Wenn wir unsere gesammelte Kraft auch dort einsetzen, werden diese letzten Schandflecke sozialer Rückständigkeit und Ausbeutung mit den Jahren verschwinden."

Dr. Weidenhammer zögerte ein wenig, dann verschluckte er einen noch unformulierten Widerspruch und sagte seine Mithilfe zu.

Im Kerngebiet des Raiffeisen-Systems, der Rheinprovinz, hatten sich bereits rund 70 Vereine konstituiert. Darlehnskassen-Vereine nach dem gleichen System gewannen Mitglieder in Bayern, Lothringen, bis nach Holstein hinauf und sogar im fernen Westpreußen.

Raiffeisen war nun fast ganz blind. Zu Unterschriften führte Amalie seine Hand an die richtige Stelle. Was man ihm schrieb und was er diktiert hatte, las sie ihm vor. Sein außerordentlich gutes Gedächtnis half ihm, den Überblick zu behalten. In der Dunkelheit, die sich immer dichter um ihn schloss, arbeiteten seine Gedanken in unverminderter Klarheit und Schärfe. Er beschäftigte sich mit einer allgemeinen Versicherung für die Landwirtschaft, die ständig durch unvorhersehbare Katastrophen wie Feuer, Hagelschlag und Krankheit bedroht war. Er wollte sie im Zusammenhang mit der Generalbank aufbauen. Die Einnahmen sollten einer sozialen Stiftung zufließen und zugleich die wirtschaftliche Kraft der Generalbank stärken.

1874 kam es zur Gründung der Deutschen landwirtschaftlichen Generalbank in Neuwied. Die Versicherungstätigkeit sollte beginnen, sobald das Reichsministerium für Finanzen in Berlin die Genehmigung erteilt hatte.

Die Zahl der Vereine überschritt das erste Hundert. Jeder einzelne Verein stand mit Raiffeisen direkt in Verbindung. Er gab Rat, Hilfe, Ermahnung und fühlte sich für ihre Entwicklung verantwortlich wie ein Vater. Manchmal kam ihm auch ein Dank entgegen, eine Würdigung, ein ermutigender Zuspruch. „Vater Raiffeisen" nannten ihn die kleinen Leute, die Bauern, Kätner und Tagewerker, mit denen er seine Arbeit begonnen hatte und deren Schicksal ihm immer noch am Herzen lag.

Fast 30 Jahre waren seit dem ersten Zusammenschluss in Weyerbusch, der als neuartiges Gemeinschaftswerk eine Vorstufe der Genossenschaft im modernen Sinn markiert hatte, verstrichen. Da galt es, noch einmal eine schwere Belastungsprobe zu bestehen.

Die Angriffe auf die Darlehnskassen-Vereine wurden nun auch auf höchster Ebene, im Reichstag, vorgetragen. Unsicherheit und Angst ergriff die Freunde und Mitarbeiter.

„Deine Gegner fordern, dass unsere Vereine verboten und aufgelöst werden sollen", sagte Renkhoff. „Was können wir machen, wenn eine übereifrige oder über-ängstliche Behörde eingreift und sie verbietet?"

„Jeder Verein steht zur Prüfung offen", sagte Raiffeisen. „Wir haben nichts zu verbergen. Kein Mensch ist von uns irregeführt worden."

Die Königliche Regierung sammelte Zeugnisse und Gutachten über die Arbeit des Systems Raiffeisen, unter ihnen galt als eines der wichtigsten die Stellungnahme des Fürsten zu Wied. Aus allen diesen Zeugnissen ging klar hervor, dass uneigennützige, auf das Gemeinwohl gerichtete Bestrebungen dieser Arbeit zugrunde lagen.

Dennoch blieb die Haltung der Ministerien für Landwirtschaft und Finanzen schwankend. Zweifel wurden laut, ob das einfache Landvolk die Bedeutung unbeschränkter Haftung aller Mitglieder ermessen könne. Die Regierung beauftragte eine Kommission mit der Prüfung der einzelnen Vereine. Es ging in der Hauptsache um die Frage: Sind die Einlagen der Mitglieder ausreichend gesichert?

Raiffeisen forderte die Vereine auf, der Kommission alle Geschäfts- und Protokollbücher zur Einsicht zu übergeben. „Da wir nichts zu verbergen haben, kann uns eine gerechte Untersuchung nur stärken."

Drei angesehene Wissenschaftler und Bankfachleute revidierten in der Rheinprovinz und in Hessen 28 Vereine und die Zentralkassen in Neuwied und Worms. Gespannt erwarteten Freunde und Gegner und die ganze interessierte Öffentlichkeit das Gutachten der Kommission.

Der Bericht wurde in Berlin veröffentlicht. Freunde Raiffeisens brachten ihn unverzüglich nach Neuwied.

Raiffeisen konnte ihre Gesichter nicht sehen, entnahm aber ihren erregten Stimmen, dass die Entscheidung gefallen war.

„Sie sollen den Bericht als Erster hören, ehe er in der Öffentlichkeit verbreitet wird."

Raiffeisen setzte sich und neigte lauschend den Kopf.

Einer seiner Freunde las vor:

„… Von vornherein tragen wir keine Bedenken, auszusprechen, dass der Gesamteindruck ein überwiegend günstiger gewesen ist, und dass die noch vor Kurzem überaus traurigen Kreditverhältnisse der kleinen Landwirte, aus welchen die Vereine größtenteils bestehen, wesentlich verbessert worden sind. Und wenn hier und da noch unverkennbare Mängel sich finden, so kann doch nur eine weitere Vervollkommnung, nicht aber eine völlige Verwerfung der ganzen Einrichtung infrage kommen.

… Wir können insgesamt nur rühmend den günstigen Eindruck hervorheben, den die meisten Vorstandsmitglieder der Vereine auf uns gemacht haben … Sehr oft fanden wir Leiter der Vereine, die an ihrem Bestehen gar kein persönliches Interesse hatten und nur, um ihren ärmeren Mitbürgern zu helfen, in die Genossenschaft eingetreten waren und sich der Geschäftsführung annahmen …"

Als die Lesung beendet war, fand Renkhoff als Erster Worte für die allgemeine Erleichterung. „Dein Werk ist gesichert. Es wird für alle Zukunft bestehen bleiben."

Raiffeisen strich sich über die Augen. Seine Hand zitterte. „Ich danke euch für eure Treue. Und jetzt wollen wir wieder an die Arbeit gehen."

Trotz des günstigen Berichts sollten die Angriffe im Reichstag nicht ohne nachteilige Folgen bleiben.

Nach dem damaligen Bankgesetz war die Gründung der drei Zentralkassen in Neuwied, Worms und Iserlohn anfechtbar. Die sonst übliche Sicherstellung durch Eigenkapital oder Aktien fehlte. Heftig wurde kritisiert, dass nicht Personen, sondern Körperschaften – eben die Darlehnsvereine – als die Mitglieder der ebenfalls als Genossenschaft aufgebauten Zentralkasse auftraten. Zwar kam es nicht zu einem eindeutigen Verbot, dafür wurde die Umwandlung der Zentralkassen in Aktiengesellschaften nahegelegt.

Mit dieser Nachricht kam Dr. Weidenhammer nach langer Zeit wieder einmal aus Darmstadt nach Neuwied. Seine Verbindung zu Raiffeisen hatte sich gelockert, seit er und Assessor Haas die aus Worms verlegte Zentralkasse in Darmstadt leiteten. Als Zentrale besaß Neuwied in Hessen kaum noch Einfluss.

Schon bei der Begrüßung spürte Raiffeisen die Zurückhaltung des Jüngeren. Offenbar wollte er keine Anordnung, höchstens einen Rat, den er nach eigenem Gutdünken verwirklichen oder verwerfen würde.

„Was wollen wir jetzt unternehmen?" fragte er. „Ich will niemandem vorgreifen", sagte Raiffeisen vorsichtig. „Auf jeden Fall berufe ich sobald als möglich alle Mitglieder der Generalbank zu einer Versammlung."

„Der hessische Verband hat sich der Generalbank nicht unterstellt!"

Raiffeisen verbarg seine Enttäuschung. „Dennoch hoffe ich, dass Sie und Direktor Haas kommen werden", sagte er freundlich. Eine Einladung in dieser Form konnte Weidenhammer nicht ablehnen.

So fanden sich denn die Mitglieder vollständig am verabredeten Ort zusammen, aber schon vor Beginn der Versammlung war zu spüren, dass die gewohnte Übereinstimmung nicht zustande kommen würde. Es bildeten sich verschiedene Lager, in denen vertrauliche Mitteilungen von Mund zu Mund gingen. Die Stimmung war gespannt.

Raiffeisens Begrüßung klang zurückhaltender als sonst. Vor ihm lag der Entwurf, den er nicht lesen konnte. Langsam sprach er die nach vielen Überlegungen von Vorsicht diktierten Sätze. Er schloss mit den Worten:

„... und so sehe ich nur eine Möglichkeit, der drohenden Auflösung vorzubeugen, indem die Landwirtschaftliche Generalbank mit der Zustimmung aller drei Zentralkassen in eine Aktiengesellschaft umgewandelt wird ..."

Offenbar war von dieser seiner Absicht schon etwas durchgesickert, denn die Versammelten verrieten keine Überraschung. Ein Delegierter erhob sich und sagte: „Besteht denn überhaupt die Notwendigkeit, die Generalbank zu erhalten?"

Raiffeisen setzte zu einer Antwort an, aber Zwischenrufe ließen ihn nicht zu Wort kommen. „Wir lehnen diesen Zentralismus ab. Wir wollen unabhängig sein", klang es aus den Reihen.

Raiffeisen blickte dorthin, wo er Weidenhammer und Haas vermutete, als erwarte er von ihnen Unterstützung, aber beide blieben sitzen und schwiegen. Ein bitteres Lächeln spielte um seine Mundwinkel. Er wartete, bis die Ruhe wiederhergestellt war, dann betonte er noch einmal, dass die Generalbank als Überbau der Zentralkassen keine Befehlsstelle sein solle. Er betrachte sie als ausgleichendes, vermittelndes Zentrum mit dem einzigen Zweck, den Zentralkassen von Nutzen zu sein.

Ein Gefühl der Vergeblichkeit überkam ihn wie eine körperliche Schwäche. Er brach seine Ausführungen kurz ab und sagte leise: „Wir schreiten nunmehr zur Abstimmung." Ohne ein Zeichen der Überraschung vernahm er das Ergebnis: die Auflösung der ersten Landwirtschaftlichen Generalbank in Neuwied.

Wenige Getreue begleiteten ihn in seine Wohnung. Sie versuchten, ihn abzulenken und den Eindruck der Niederlage zu mildern. Aber seine Gedanken waren schon wieder dabei, die entstandene Lücke zu schließen.

„Wir müssen von vorn anfangen", sagte er. „Ohne zentrale Vereinsbank bleibt unser Werk ein Torso. Auf die Rheinischen Darlehnskassen-Vereine kann ich immer noch bauen."

Zögernd sagte Renkhoff: „Du glaubst also immer noch, dass ..."

„... dass wir allein eine Zentral-Darlehnskasse auf der neuen Grundlage gründen müssen", setzte Raiffeisen den begonnenen Satz fort. „So Gott will, folgen die hessischen und westfälischen Vereine nach." Tatsächlich kam es bald darauf zu dieser neuen Gründung, aber die Hoffnung, dass die hessischen Vereine sich anschließen würden, erfüllte sich nicht. Später schrieb Weidenhammer:

„... Ich sehe keine Möglichkeit, unsere Vereine in Ihrem Sinne zu beeinflussen. Es werden Vorwürfe gegen Ihre Vermengung von Christentum und genossenschaftlichem Denken laut. Um seine Seligkeit möge sich jeder nach seiner eigenen Façon kümmern. Die Genossenschaften sind hingegen eine rein wirtschaftliche Angelegenheit."

„Raiffeisen konnte diesen Standpunkt nicht begreifen. Für ihn gab es keine „rein wirtschaftliche Angelegenheiten". Christliches Denken war von Anfang an der Lebensnerv seiner Arbeit gewesen. Es schien ihm undenkbar, dieses für ihn Wesentlichste von seinem Werk zu trennen.

„Aus wirtschaftlichen Gründen allein hätte ich den Brotverein nicht gründen können", sagte er zu Amalie. Plötzlich schwankte er und musste sich an der Tischkante festhalten.

„Du solltest eine Weile ausspannen", riet Amalie.

„Ausspannen kann man erst, wenn das Werk vollendet ist."

„Ist es nicht vollendet? Was fehlt denn noch?" „Die Beratung unserer rheinischen Vereine liegt fast ganz in meinen Händen", sagte er. „Was soll aus ihnen werden, wenn ich es nicht mehr schaffen kann? Man müsste eine Anwaltschaft bilden, von der ihre Geschäftsführung jährlich überprüft und beraten wird. Ich muss den Vorschlag bald machen, viel Zeit habe ich nicht mehr."

Die Rheinischen Darlehnskassen-Vereine stimmten geschlossen für die Bildung eines Anwaltschaftsverbandes für alle Genossenschaften und erklärten sich bereit, einen festen Beitrag zu leisten, wenn dafür die jährliche Revision gesichert wäre. Raiffeisen entwarf die Statuten. Die Funktion des Anwaltschaftsverbandes Umriss er folgendermaßen:

„… Der Anwaltschaftsverband hat die Aufgabe, die Darlehnskassen-Vereine zu verbreiten, sie in ihrer Wirksamkeit zu unterstützen, ihre Interessen in jeder Beziehung nach Kräften zu fördern, besonders auch die gemeinschaftlichen Bezüge der notwendigen Wirtschaftsbedürfnisse sowie den gemeinsamen Verkauf der selbst gewonnenen Produkte herbeizuführen, endlich die Vereine nach außen, namentlich gegenüber den Behörden und dem Gesetzgeber, zu vertreten …"

Zur Gründungsversammlung lud er auch Weidenhammer ein. Die Meinungsverschiedenheiten der letzten Zeit sollten vergessen sein. Er hoffte, durch Hintanstellen persönlicher Enttäuschung den Widerstand des ehemaligen Freundes zu überwinden und mit ihm auch die hessischen Vereine für den Anwaltschaftsverband zu gewinnen. Er schlug ihn zum stellvertretenden Anwalt aller Darlehnskassen-Vereine vor, und sein Vorschlag wurde durch Wahl bestätigt. Weidenhammer erklärte sich einverstanden, aber zum Anschluss der hessischen Vereine kam es nicht.

Während sich das System Raiffeisen über ganz Deutschland ausbreitete, wurden unter den nächsten Mitarbeitern Tendenzen zu endgültiger Spaltung spürbar. Eine Zeit lang blieb der Schein der Einigkeit noch erhalten, dann legte Weidenhammer die Vizeanwaltschaft des Verbandes nieder. Seine Gründe formulierte er in dem folgenden Brief:

„… Ich bin zwar der Meinung, dass durch Vermittlung der Genossenschaften der Geist der christlichen Bruderliebe geweckt und gepflegt werden kann; ich halte es aber als höchst nachteilig für unsere Sache, wenn man umgekehrt den Geist der christlichen Bruderliebe anruft, um die Genossenschaften zu beleben.

Die Kreditgenossenschaften haben durchaus materiellen Charakter und die stete Benutzung des Stichworts ‚christliche Bruderliebe' kann in der öffentlichen Meinung nur dazu beitragen, dass man der Bestrebung andere Tendenzen unterlegt als die Entwicklung der Genossenschaften.

… Ich bitte also, meinen Austritt als Vizeanwalt aus Ihrem Verbande hiermit anzunehmen …"

Dieser Brief traf Raiffeisen schwer. Er schätzte Weidenhammer sehr und hatte im Stillen gehofft, ihn als seinen Nachfolger zu gewinnen. Nun trennten sich ihre Wege für immer.

Eines Sommerabends auf dem Heimweg vom Friedhof, wo er mit seiner Tochter lange vor Emiliens Grab gestanden hatte, sagte er zu Amalie: „Was hältst du davon, wenn ich die Druckerei in eine Handelsgesellschaft umwandle?"

„Warum willst du das tun, Vater?"

„Bisher habe ich die Beratungen und Revisionen der Darlehnskassen-Vereine unentgeltlich durchgeführt. Jetzt habe ich dafür einen Buchprüfer eingestellt, den ich bezahlen muss. Man hat mir den Vorwurf gemacht, ich zöge Nutzen aus den Darlehnskassen-Vereinen. Selbst der Anschein verstößt gegen meine Prinzipien. Aus den Erträgen der Handelsgesellschaft soll ein Fonds für die Beratungskosten der Darlehnskassen eingerichtet werden, der von meinen persönlichen Einnahmen völlig unabhängig ist."

„Und wovon willst du leben, Vater, wenn der Gewinn in diesen Fonds fließt?"

„Ich beanspruche einen Betrag, der dem Gehalt eines leitenden Angestellten entspricht."

Amalie wusste, dass Raiffeisen bisher alle Erträge, die seinen Lebensbedarf überstiegen, in Schenkungen und Unterstützungen an Bedürftige weitergegeben hatte. Davon war nie etwas an die Öffentlichkeit gedrungen.

„Der Firmenname wird lauten: ‚Raiffeisen, Fassbender und Consorten", sagte er. „Fassbender hat so lange im Betrieb mitgearbeitet, dass er eine Teilhaberschaft wohl verdient hat."

Die Handelsgesellschaft wurde behördlich angemeldet und als Geldgeberin für die Anwaltschaft über die mehr als zweihundert angeschlossenen Vereine eingesetzt. Zu den Gesellschaftern gehörte auch Amalie.

Die Druckerei in Neuwied Versorgte die Genossenschaften mit Formularen und Geschäftsbüchern, für die steigender Bedarf bestand. Die Aufträge wuchsen von Jahr zu Jahr. Längst war die Anleihe abgezahlt. Raiffeisen hatte bei der Geschäftsführung eine glückliche Hand bewiesen.

Sein nächster Plan war die Bildung einer Caritas Gesellschaft für Krankenpflege, die Frauen zur Sozialarbeit ausbilden sollte. Um auch Mitglieder dieser Gesellschaft aufnehmen und für ihre Arbeit bezahlen zu können, sollte die Firma Raiffeisen und Consorten ausgeweitet werden.

„Damit musst du aber warten, bis sich der Geschäftsumfang entsprechend vergrößert hat", warnte Amalie.

Der Ansturm neuer Ideen konnte Raiffeisen nicht darüber hinwegtäuschen, dass seine Kräfte nachließen. Er war jetzt 66 Jahre alt. Richtige Ferien hatte er nie gekannt. Seine Entspannungspausen hatten immer nur wenige Tage gedauert, dann zog die Arbeit ihn wieder in ihren Bann. Immer noch suchte er nach einem geeigneten Nachfolger. „Sobald ich den richtigen Mann gefunden habe, trete ich ab", versprach er seiner Tochter.

Das Raiffeisensystem hatte sich indessen über Deutschlands Grenzen hinaus ausgebreitet. Aus dem Schöpfer war ein Verwalter geworden. Das Buch „Die Darlehnskassen-Vereine" wurde immer wieder neu aufgelegt. Die Zahl der Geld- und Kreditinstitute, die nach dem neuen Genossenschaftsgesetz zugelassen waren, wuchs ständig. Ein Nachfolger war immer noch nicht gefunden.

Auf dringendes Anraten des Arztes fuhr Raiffeisen nach Thüringen, um sich von seiner Schwäche zu erholen. Zu Amalies Geburtstag schrieb er aus Ilmenau:

„... diesmal kann ich an Deinem Geburtstag nicht bei Dir sein, liebe Amalie. Ich erinnere mich noch gut an den Tag, an dem Du uns geschenkt wurdest. Es war ein wunderschöner Augustmorgen, und ich saß früh um sechs in meiner einfachen, von Bohnen umrankten Laube. Ich hatte damals Gott für sein Geschenk gedankt und um Segen für Dein Leben gefleht. Du bist mir ein treues Kind, eine liebevolle Stütze, ein Trost in trüben Zeiten gewesen und hast meine Schwächen immer mit Geduld ertragen. Heute steht diese ganze Vergangenheit seit Deiner Geburt mit ihren hoch- und tief gehenden Lebenswegen wieder vor mir. Heute will ich Dir danken für alle Fürsorge, ohne die ich viele Jahre hilflos und verlassen gewesen wäre. Du bist mir bei meinen Bestrebungen immer beigestanden. Und ist es nicht eine köstliche Wissenschaft, zu erforschen, wie man Bruderliebe am besten anbringt? Wenn mein Leben den Armen und Ausgebeuteten galt, so will ich mich dessen keine Stunde rühmen. Denn wir müssen die Tatsache, dass es Arme und Unterdrückte gibt, als Auftrag Gottes betrachten, um ihnen unsere christliche Liebe in der Tat zu beweisen! Wenn wir dieses erkennen, schweigt alle menschliche Eitelkeit.

… Ich habe die ganze Reise hierher nach Ilmenau ohne Unfall gemacht. Wo meine Augen nicht mehr sahen, dort lenkte mich ER. In Gottes Schutz werde ich sicher heimkommen.

… Grüße Maria, meine Frau, grüße Deine Schwestern Lina und Bertha, wenn sie Dich zu Deinem Geburtstag besuchen. Ein Gruß gilt auch Deinem Bruder Rudolf in der weiten Welt (wo mag er jetzt sein?), dass er wieder in das Vaterhaus zurückfinde …"

Amalie war das einzige der Kinder, das ihn bei seiner Rückkehr erwartete. Lina hatte einen Kaufmann, Bertha einen Fabrikanten geheiratet. Rudolf hatte nach ziellosen Reisen eine Stellung in Spanien angenommen und eine Spanierin, Victorine Serad, geheiratet.

Er fand gute Nachricht vor: eine ehrende Anerkennung Kaiser Wilhelms I., verbunden mit einem Geschenk von 30000 Mark für den Fonds der Landwirtschaftlichen Zentral-Darlehnskasse.

Der Kaiser schrieb:

„… sprechen wir dem Bürgermeister Raiffeisen für sein selbstloses und gemeinnütziges Wirken zur Hebung der landwirtschaftlichen Verhältnisse und speziell der Kreditnot ihrer Bevölkerung die wärmste Anerkennung mit dem Wunsche aus, dass es den Bemühungen des Urhebers dieser Bewegung … gelingen möge, diese Einrichtungen immer weiter auszubreiten. In diesen Bestrebungen werden die Vereine stets jede zulässige Unterstützung der Staatsregierung genießen."

Der Kronprinz lud Raiffeisen zu einer Audienz nach Wiesbaden. Amalie begleitete ihn. Zum ersten Mal in ihrem Leben sah sie den Vater befangen und unsicher. Er kannte die höfische Etikette nicht. Persönlich bedeuteten ihm diese Dinge wenig, aber es hätte sein Gefühl für Würde verletzt, wenn man ihn bei Hof für täppisch und hinterwäldlerisch gehalten hätte. „Nicht einmal einen Frack habe ich auftreiben können", sagte er bedrückt. Amalie lachte ihn aus. „Du bist Raiffeisen, das muss auch dem Kronprinzen genügen."

Seine Sorge erwies sich als müßig. Der Empfang im königlichen Sommerschloss war so unbefangen und freundlich, dass die Etikette schnell in Vergessenheit geriet. Zwei Stunden lang erzählte Raiffeisen seinem interessierten Zuhörer über die Entwicklung seines Werkes. Der Kronprinz begleitete ihn die Marmortreppe des Schlosses hinab. Jetzt erst fiel es Raiffeisen ein, dass er vergessen hatte, sich für seinen einfachen Überrock zu entschuldigen. Der Kronprinz winkte lächelnd ab. „Hm, 'n Frack kann ich nicht leiden."

Mit Dank verabschiedete er sich von dem alten Mann, der langsam und aufrecht zum Wagen schritt.

Immer noch wachen Geistes verfolgte Raiffeisen von Neuwied aus das Wachstum des nach ihm benannten „Systems", das nun in Österreich und in der Schweiz, dann auch in Holland, Frankreich und Belgien Fuß fasste.

Mit berechtigtem Stolz schrieb Raiffeisen im Vorwort der 1887 erschienenen fünften Auflage seines Buches: „Nicht allein in fast allen Teilen des Deutschen Reiches ist man bemüht, solche einzuführen, sondern das Interesse für die Vereine und ihre Bestrebungen wächst, mit wenigen Ausnahmen, auch in den übrigen europäischen Ländern. Den Beweis hierfür liefern vielfache Besprechungen in öffentlichen Blättern sowie die mit dem Verfasser geführten Korrespondenzen von Volksfreunden aus Russland, Holland, Belgien, Spanien und namentlich Frankreich. Außerdem wurden zum näheren Studium der Vereine Abgeordnete entsandt aus Dänemark, der Schweiz usw. Die Berner Regierung hat sogar Preise für die Gründung von Darlehnskassen-Vereinen gesetzt. In Italien ist bereits eine größere Anzahl solcher Vereine ins Leben gerufen worden. Am meisten ist in Österreich-Ungarn dafür geschehen; in verschiedenen Teilen desselben wurden nach und nach Darlehnskassen-Vereine gegründet ..."

Oft öffnete Amalie die Tür vor hohen Besuchern: Herren aus Wien, eine Abordnung aus Frankreich, schwedische Hochschullehrer ...

Hochaufgerichtet, in seinem schwarzen Rock, empfing Raiffeisen die Besucher. Sein Haar war weiß geworden. Seine Augen, hinter dicken Brillengläsern, gingen über sie hinweg in eine nur ihm geöffnete und erreichbare Ferne. Aber wenn sie sich dann zum Gespräch niederließen, erfuhren sie, dass er fest auf dem Boden der Wirklichkeit stand. Er kannte die wirtschaftlichen Besonderheiten der einzelnen Länder, ging geduldig auf Fragen ein, wusste Antwort und Rat. Sie gingen fort mit der Erinnerung an einen großen, eigenwilligen und gütigen Mann, der sich wie ein Denkmal der Integrität über die Wirren einer brutalen, nur auf den Profit bedachten Weltwirtschaft erhob. Dank und Bewunderung wies er mit einer schlichten Handbewegung zurück: „Das Werk ist Gottes, meine Herren, wenn ich sein Werkzeug sein durfte, war es eine Gnade."

Im Winter überfiel ihn eine heftige Lungenentzündung, von der er sich nur langsam erholte. Schwächezustände traten immer häufiger auf.

Am Morgen des 11. März 1888 stand er früh auf wie immer und bat Amalie, für den Nachmittag seine Mitarbeiter zu einer Besprechung ins Haus zu laden. Beim Frühstück mit den beiden Frauen unterhielt er sich heiter. Danach setzte er sich in seinen hohen Lehnstuhl und hielt sein stummes Morgengebet. Plötzlich sank sein Kopf vornüber. Sie eilten hinzu und fanden ihn bewusstlos. Nachdem sie ihn auf ein Lager gebettet hatten, riefen sie den Arzt.

Raiffeisen erwachte nicht mehr. Seine Lippen formten unhörbare Worte. Um zwölf Uhr mittags ging er ohne Kampf und Schmerzen in die verdiente Ruhe ein.